SANNIO INCONTRI 2023

ANNUARIO DELL'ARCHEOCLUB DI BENEVENTO

SANNIO INCONTRI 2023

ANNUARIO DELL'ARCHEOCLUB
DI BENEVENTO

DIRETTORE EDITORIALE
Giacomo de Antonellis

COMITATO SCIENTIFICO
Angelo Bosco, Maurizio Cimino,
Mario Collarile, Giacomo de Antonellis,
Antonio De Lucia, Francesco Morante,
Giuseppe Morante, Cesare Mucci,
Giuseppe Patrevita, Mario Pedicini,
Biagio Prisco, Teresa Sorice

REDAZIONE
Archeoclub di Benevento
viale Mellusi 68
Palazzo del Volontariato
82100 Benevento

INDIRIZZO ELETTRONICO
archeobenevento@gmail.com

EDITORE
Archeoclub d'Italia
sezione di Benevento

DIFFUSIONE
Circuito di Amazon

Chiuso in tipografia il
6 febbraio 2024

Angelo Bosco

Un anno in viaggio con l'Archeoclub

Continua con questo V numero di *Sannio Incontri*, la pubblicazione del nuovo annuario che l'Archeoclub di Benevento dedica alla raccolta delle attività svolte nell'anno appena concluso. Il 2023 ha visto la nostra associazione, ancora una volta, impegnata in numerose iniziative culturali e come spesso le capita di fare, poi le divulga, non solo per i propri soci ma anche per i tanti che manifestano interesse e attenzione per gli studi e le ricerche che propone in ambito cittadino.

Anche quest'anno si è rilevato intenso, segnato da tante attività e di quanto fatto questa pubblicazione rende testimonianza proponendo all'attenzione dei suoi lettori, che si spera continuino ad essere sempre tanti, i pregevoli contributi sottoscritti dai nostri soci che con tanta passione si dedicano ai vari lavori e approfondimenti.

L'Annuario si apre con il ricordo di Almerico Meomartini nel centenario della sua morte. Dopo quanto proposto dal Comune di Reino che gli ha dedicato una mostra e un convegno al suo illustre figlio, l'Archeoclub di Benevento, nel giorno dei Sanniti che ogni anno si celebra il 25 ottobre, ha organizzato, presso il Museo del Sannio, una conferenza per esaminare, del nostro illustre concittadino, la sua figura di architetto, archeologo, studioso e politico. Dopo il saluto e l'introduzione del direttore Marcello Rotili ci sono stati gli interventi di Angelo Bosco con *le architetture beneventane di Meomartini*; Maurizio Cimino con *Meomartini e l'Iseo beneventano* e Francesco Morante che invece ha analizzato *la nascita del Museo del Sannio* avvenuta proprio per iniziativa di Mcomartini. In questa pubblicazione sono riportati i tre contributi citati preceduti da *L'Archeologo gentiluomo* a cura della redazione Archeoclub Benevento.

Come dicevamo tante sono state le iniziative tenute dall'Associazione nell'anno 2023 e in questa pubblicazione sono ricordate attraverso i seguenti contributi:

- *Rocco Grasso. Oltre gli occhi* di Francesco Morante che ricorda la mostra retrospettiva dedicata nel mese di aprile all'arte di Rocco Grasso, pittore raffinato e apprezzato insegnante di Discipline pittoriche presso il Liceo Artistico di Benevento.
- *Ricostruire le porte di Benevento con installazioni artistiche e le porte storiche di Benevento* è l'attività didattica svolta dalla docente Carmen Laudato che con la classe VA, del già citato Liceo Artistico, ha voluto proporre, in collaborazione con l'Archeoclub di Benevento, all'attenzione della città. L'iniziativa che qui si ricorda intende proporre alcune idee progettuali per richiamare il segno delle antiche porte nella città contemporanea.
- *Il Trionfo del Triglifo, l'archeologia nell'eclettismo storicistico*, un interessante incontro, tenuto da Francesco Morante il 26 maggio per i seminari nazionali in rete organizzati da Archeoclub d'Italia, indirizzato a richiamare l'importanza del volto antico nella produzione artistica europea tra Otto e Novecento.
- *Salotti sotto le stelle*, la rassegna tenuta in agosto presso la Fagianella curata da Francesco Morante che ha visto una serie di iniziative culturali per assaporare, in compagnia, qualche ora spensierata, in una cornice di verde e di stelle. Cinque gli incontri: *Wine style* sul tema del vino. Cuore Selvaggio, proiezione del film di David Lynch. Serata Cocktail. Presentazione del libro *Mimmo Iodice, saldamente sulle nuvole*, di Isabella Pedicini. Proiezione del film I racconti di Canterbury di Pier Paolo Pasolini. Per questo film il regista subì un processo qui a Benevento nel 1972 dove fu pienamente assolto dai reati per le denunciate oscenità riscontrate nel film. Alfredo Pietronigro ci ricorda la vicenda giudiziaria che si tenne presso il Tribunale di Benevento.
- *Santa Sofia e i suoi (poco noti) paradossi*, un interessante contributo di Giacomo De Antonellis che racconta la bellissima chiesa esaltata non solo dai suoi risvolti artistici ma anche da tante vicende ecclesiastiche.
- *Lo stemma nella lunetta di Santa Sofia* di Cesare Mucci che si sofferma su una diversa interpretazione iconografica della lunetta soprastante il portale di Santa Sofia.
- *Foto di Nobiltà con Rose*, del compianto Mario Boscia, un saggio pubblicato nel 1994 nel volume "Mosaico beneventano" delle edizioni Torre della Biffa.

L'annuario si conclude con il Notiziario 2023 dove sono indicate le attività svolte, le segnalazioni bibliografiche, i titoli degli articoli pubblicati sul Sannio quotidiano nella pagina Quattro passi nella storia, lo Statuto della sede di Benevento dell'Archeoclub d'Italia e i nuovi prossimi appuntamenti per il 2024.

Benevento 29 gennaio 2024

IL GIORNO DEI SANNITI

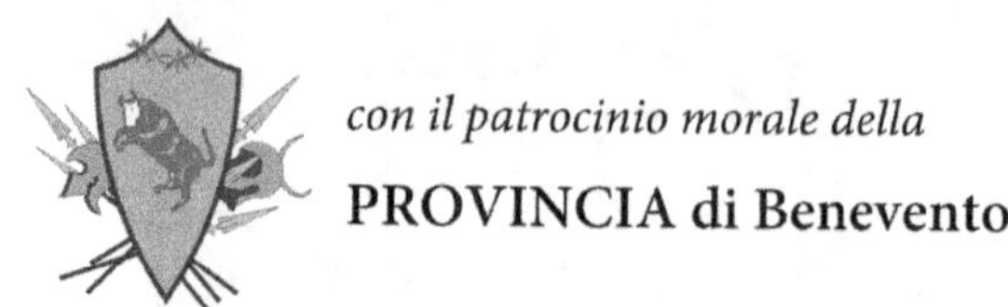

25 OTTOBRE
IL GIORNO DEI SANNITI

MUSEO DEL SANNIO
Auditorium Vergineo

mercoledì 25 ottobre 2023
ore 16:30

Istituita dall'Archeoclub nel 2019, la Giornata dei Sanniti, fissata al 25 ottobre, quest'anno è dedicata alla memoria di Almerico Meomartini, nella ricorrenza del centenario della sua scomparsa.

Il Meomartini ebbe un ruolo di primissimo piano nella vita culturale e politica beneventana, nei decenni a cavallo tra XIX e XX secolo.

Architetto di professione, si dedicò prima agli studi storico-artistici, con pubblicazioni ancora oggi di fondamentale importanza per la conoscenza della città, in seguito all'archeologia, seguendo gli scavi che portarono in luce il Teatro Romano e i resti egizi del tempio di Iside.

Restaurò la Rocca dei Rettori e qui raccolse il primo nucleo del Museo del Sannio.

Fu anche molto presente nella vita politica cittadina, soprattutto nel Consiglio Provinciale, di cui fu prima consigliere e poi presidente dal 1910 fino alla sua morte, avvenuta l'11 aprile del 1923.

Almerico Meomartini
nel primo centenario della morte

saluti

dott. Nino Lombardi, *presidente della Provincia di Benevento*
prof. Marcello Rotili, *consulente scientifico del Museo del Sannio*

relazioni

arch. Angelo Bosco
Le architetture beneventane di Meomartini

prof. Maurizio Cimino
Meomartini e l'Iseo di Benevento

arch. Francesco Morante
Meomartini e la nascita del Museo del Sannio

Tra gli intellettuali beneventani, Almerico Meomartini occupa un posto a sé. Laureato in ingegneria e appassionato di storia e archeologia, è stato il primo a studiare il nostro patrimonio artistico, con uno sguardo attento e un serio approccio critico.

Il suo volume sui Monumenti beneventani è un caposaldo imprescindibile per ogni futura ricerca sulla città.

Ma il Meomartini è stato anche un professionista e un politico energico, che ha partecipato attivamente alla vita cittadina, promuovendo interventi urbanistici, restauri, istituti culturali e molto altro.

A lui, solo per fare un esempio, si deve l'istituzione dell'Archivio Storico della Provincia, cellula dalla quale sono derivati quasi tutti i più importanti istituti culturali della città, tra i quali la Biblioteca Provinciale e anche il Museo del Sannio che, sebbene pensato in tempi precedenti, fu solo con Meomartini che iniziò a prendere forma.

Nel centenario della sua scomparsa, il Comune di Reino ha dedicato una mostra e un convegno al suo illustre figlio. L'Archeoclub di Benevento non poteva ignorare quello che potremmo considerare il primo tra noi, dedicandogli un convegno per esaminare, anche se non in maniera esaustiva, tre aspetti della sua personalità: l'architetto, l'archeologo e il politico. Così a lui è stato dedicato il Giorno dei Sanniti che, come ogni anno, celebriamo nella data del 25 ottobre.

Alba, 23 ottobre 2023

Dottor Francesco MORANTE
Presidente dell'Archeoclub di
B E N E V E N T O

Gentile Presidente, Dottor Morante,

Le scrivo anche a nome del Sindaco di Reino, Prof. Antonio Calzone e degli altri membri del Comitato che ha organizzato, lo scorso 28 settembre, nel suo luogo natale, il Convegno commemorativo in occasione del Centenario della scomparsa di Almerico Meomartini.

Ho appreso, dagli organi d'informazione, della meritoria iniziativa intesa a ricordare, mercoledì 25 ottobre, il nostro Illustre Concittadino nella capitale del Sannio: me ne compiaccio fervidamente.

Come ebbi a dire nel corso dell'evento reinese, l'orgoglio di un popolo, di un luogo o di un paese non derivano dalle bellezze paesaggistiche, dalla salubrità del clima o dalle prelibatezze gastronomiche, bensì dai suoi grandi Figli, che ne hanno portato il nome nel mondo, rendendoci fieri della nostra Storia gloriosa e plurimillenaria.

Questo è e rimarrà, per noi Reinesi, il grande Figlio della nostra antica Terra Almerico Meomartini!

Auguro buon lavoro ed il miglior esito possibile al Convegno da Voi organizzato ed attendo, non appena saranno pubblicati, di poterne leggere gli Atti.

Con stima, simpatia e sannitica cordialità.

Gen. Antonio Zerrillo

Foto di gruppo del convegno tenuto a Reino il 28 settembre del 2023, per ricordare nel suo Comune natio il centenario della scomparsa di Almerico Meomartini.

L'archeologo gentiluomo

Almerico Meomartini nacque a Reino il 3 marzo 1850 e morì a Benevento l'11 aprile 1923. Fu uno dei più famosi esponenti di quella borghesia che rinsanguò e rinvigorì la città di Benevento, dopo l'unità d'Italia e la creazione della sua provincia. Non fu l'unico: buona parte della nuova classe dirigente della città proveniva dai paesi nella neonata provincia, anche per la contemporanea scomparsa di quella nobiltà beneventana che cercò altri lidi, una volta finiti i privilegi garantiti dal precedente stato pontificio.

Il fratello Alfonso, di dieci anni più vecchio (era nato l'11 aprile del 1841) aveva studiato a Benevento nel collegio degli Scolopi (Convento di San Nicola a via Bartolomeo Camerario) quando Benevento era ancora pontificia. Si era poi trasferito a Napoli dove conseguì la laurea in legge e dove svolse la sua professione. A Napoli risiedeva in vicoletto S. Giorgio a Forcella n. 4, nei pressi del Duomo, non molto lontano dall'Archivio di Stato. In questo archivio, grazie soprattutto ai registri angioini, poi distrutti dai bombardamenti del 1943, ricostruì le vicende feudali di tutti i comuni di Benevento, le cui vicende descrisse a puntate sulla Gazzetta di Benevento tra il 1884 e il 1888.

Almerico, seguendo le orme del fratello, venne anche lui a Benevento a studiare, proprio nel momento in cui Benevento diventava "italiana". Non frequentò l'appena nato liceo ginnasio, ma studiò privatamente presso il direttore della Biblioteca Capitolare, mons. Paolo Schinosi. Quindi si trasferì a Napoli e nel 1875 si laureò in Ingegneria.

A differenza del fratello, non rimase a Napoli, ma tornò a Benevento, dove aprì il suo studio di architettura e ingegneria, e per circa 50 anni, fino alla scomparsa avvenuta nel 1923, fu uno dei maggiori protagonisti della vita professionale, politica e culturale cittadina.

Almerico Meomartini

Alfonso Meomartini

Nel 1880 sposò Celeste Parenti, di Ceppaloni, e dal loro matrimonio non nacquero figli. Nel 1884, esattamente il 31 agosto, ebbe un incidente di caccia. Gli esplose un fucile in mano, mentre stava per sparare, e dovette subire l'amputazione dell'avambraccio sinistro. Ciò tuttavia non inficiò la sua intensa vita professionale e i suoi molteplici interessi.

Nel 1889, l'anno dopo la conclusione degli articoli del fratello dedicati ai Comuni, che poi lui raccolse in volume nel 1907, iniziò la pubblicazione a dispense della sua maggiore opera storiografica, "I monumenti e le opere d'arte della città di Benevento", che si protrasse per circa sei anni, dal 1889 al 1895.

Partecipò alla vita politica locale, sia come consigliere comunale, sia come consigliere provinciale. Fu soprattutto in quest'ultimo ente che trovò un ruolo di maggiore spicco. Partecipò a tutte le fasi di elaborazione del progetto che condusse alla costruzione del Palazzo della Prefettura a spese della Provincia. Non fu lui l'autore del progetto, che fu aggiudicato nel 1893 dopo un concorso di architettura all'architetto varesino Pietro Paolo Quaglia, ma del piano urbanistico e volumetrico, che consentì di salvare dall'abbattimento la Rocca dei Rettori. L'edificio fu quindi da lui restaurato e destinato, sempre su sua sollecitazione, ad ospitare il primo nucleo del Museo Provinciale.

Il Palazzo del Governo, fu completato nel 1910, lo stesso anno nel quale Meomartini veniva eletto presidente della Deputazione Provinciale. E il suo primo atto fu quello di spostare nel nuovo edificio la sede della Provincia di Benevento, dato che lo Stato, al quale l'edificio era destinato, si era rifiutato di accollarsi le spese per l'arredamento. Il Meomartini, per tredici anni, fino alla sua scomparsa, ha amministrato la provincia sannita da quell'enorme edificio che, solo nel 1928, passò allo Stato, scambiando la propria sede con la Provincia che, quindi, passò nella Rocca dei Rettori, pure di proprietà della Provincia, dove è tuttora.

Pur tra mille impegni politici, non tralasciò la vita professionale, progettando diversi edifici, tra i quali anche il suo villino, poco oltre la Rocca dei Rettori, in stile neomedievale. L'architettura dell'eclettismo storicistico era quella del momento, e lui non si discostò mai da questa tendenza stilistica. L'arco di Traiano fu da lui preso a modello per il padiglione della Provincia di Benevento all'Esposizione di Igiene che si tenne a Napoli nel 1900. Ritornò, un paio di anni dopo, allo stile medievale, quando progettò il nuovo altare maggiore del Duomo di Benevento. Anche gli edifici civili, che realizzò a seguito dell'ampliamento del corso, combinavano liberamente elementi stilistici del passato vari ed eterogenei.

La sua attività di studioso continuò con la pubblicazione di altre ricerche, in particolare sulla topografia della Battaglia di Benevento del 1266, e sul tracciato della via Appia.

Nel 1909 pubblicò una guida illustrata di Benevento, edita a Bergamo, n. 44 della serie Italia Artistica diretta da Corrado Ricci. L'anno dopo vide la luce anche una guida tascabile della città stampata dalla tipografia D'Alessandro.

Fu componente la Commissione Archeologica Provinciale, nonché Ispettore Onorario agli Scavi e alle Belle Arti. Per questo suo ruolo, fu interpellato quando emersero nel 1903 le sculture del tempio di Iside, a seguito della demolizione di un tratto delle mura longobarde. Le fece immediatamente collocare nella Rocca dei Rettori, evitando dispersioni o trafugamenti, e l'anno dopo ne diede immediata notizia alla comunità scientifica pubblicando un saggio illustrato sulla rivista "Notizie degli Scavi di Antichità".

Mons. Paolo Schinosi

Da ricordare infine che notevole fu il suo interesse per il Teatro Romano, facendo condurre a sue spese alcuni scavi archeologici, che gli permisero per la prima volta di disegnare la pianta del Teatro, prima confuso con un anfiteatro, che a quel tempo restava ancora sepolto sotto le case che ci avevano costruito sopra. Si interessò anche all'Arco di Traiano, tanto che il suo volume dedicato ai monumenti beneventani, per oltre la metà è occupato dalla descrizione di questo prezioso manufatto romano, che lui contribuì a definire nella sua difficile iconografia.

In sintesi, possiamo senz'altro affermare che Almerico Meomartini è stato un benemerito della cultura beneventana, per l'impegno che ha profuso nei diversi campi, professionale, politico e di studio, ai quali si è dedicato con sincero entusiasmo e con notevole competenza. La sua è una eredità ancora viva, testimoniata anche dal convegno dell'Archeoclub, che viene tenuto non per un mero intento celebrativo, ma per continuare la difficile e affascinante costruzione della nostra storiografia.

In un saggio apparso sugli *Atti della Società Storica del Sannio,* Antonio Jamalio pubblicò alcuni suoi ricordi del Meomartini. Ricordò le chiacchierate che, in tarda serata, lui, e altri intellettuali del tempo, condividevano nella farmacia di Domenico

Zazo al corso Vittorio Emanuele. Spesso il Meomartini parlava di archeologia e, una volta, ebbe a dire:

"Noi altri non siamo che dei dilettanti di provincia, più o meno colti e intelligenti, che con una preparazione autodidattica ben limitata, possiamo appena riuscire ad intenderci di una Storia e di un'Archeologia molto locale, per soddisfare una nostra passione. In altri termini siamo come chi dicesse dei Gentiluomini-Archeologici".

Ecco, noi soci dell'Archeoclub di Benevento ci riteniamo diretti discendenti del Meomartini, sia per la comune passione, sia perché facciamo nostra la sua definizione di "gentiluomini archeologici".

Il tavolo del convegno tenuto al Museo del Sannio il 25 ottobre 2023. Da sinistra Marcello Rotili, Angelo Bosco, Francesco Morante e Maurizio Cimino.

Le architetture beneventane di Almerico Meomartini

L'11 aprile 1923 muore a Benevento Almerico Meomartini. Di famiglia benestante, nasce a Reino il 3 marzo 1850; è stato architetto, archeologo, scrittore e politico italiano. Terminati gli studi giovanili a Benevento, si laurea in Ingegneria presso l'Università degli Studi di Napoli nel 1875. Dopo la laurea si stabilisce a Benevento, dove esercita la professione di ingegnere e architetto e, nonostante sia privo di un avambraccio (sinistro) a causa di un incidente di caccia, contribuisce, con le sue opere, al rinnovamento dell'architettura cittadina, caratterizzata da una riproposizione di stili che vanno dal neoclassicismo al liberty, passando più in generale ad un eclettismo.

Prima di analizzare alcune delle opere di Meomartini, di seguito si propongono tre digressioni al fine di proporre un approfondimento che ci aiuterà a comprendere meglio il suo linguaggio architettonico.

La prima riguarda la figura di Camillo Boito (Roma 30 ottobre 1836-Milano 28 giugno 1914), noto intellettuale, molto influente nel panorama architettonico e culturale del tempo, di cui Meomartini è stato un seguace sostenitore, come emerge anche da un rapporto epistolare. Principalmente architetto e restauratore, Boito è stato anche un letterato, infatti ha partecipato al movimento della scapigliatura milanese. Camillo Boito dà vita al cosiddetto *stile nazionale*: l'architettura, diceva, nel recuperare il passato deve esprimersi in un'ottica moderna, usando nuovi materiali e nuove tecniche; essa deve essere comune in tutte le parti d'Italia, anche se deve modificarsi in relazione ai materiali disponibili, alle abitudini della zona e alle diversità climatiche. Come restauratore rifiuta il cosiddetto *restauro stilistico* di Viollet-Le-Duc, che a suo parere falsifica il monumento mischiando parti originali con parti non originali senza una loro distinzione. Secondo Boito è indispensabile che le parti nuove siano distinguibili da quelle antiche, per esempio riducendo i volumi ed eliminando gli elementi decorativi: definisce *filologico* il suo restauro.

di ANGELO BOSCO

L'attività progettuale svolta in città sia in campo architettonico che urbanistico

Vincenzo Puchetti (1894-1947). Almerico Meomartini, busto in bronzo, 1922, Museo del Sannio-

13

La seconda digressione riguarda, invece, l'architettura eclettica, stile al quale il Meomartini si rifece per elaborare le sue architetture e per meglio comprenderne il suo significato prendiamo in prestito una citazione di Renato De Fusco (Napoli 14 luglio 1929), professore emerito di storia dell'architettura presso l'Università degli Studi di Napoli, Federico II. Egli, nel testo *Storia dell'architettura contemporanea*, pag. 1, introduce il capitolo sull'eclettismo, definendolo come "un momento della storia dell'architettura dell' '800, in cui coesistono stili diversi, facenti capo a differenti periodi storici precedenti; così il neoclassicismo, il neogotico, il neoromanico, il neorinascimento, il neobarocco, ecc. costituiscono altrettanti ritorni, ravvivamenti (revivals), rispettivamente dell'architettura del mondo antico, medievale, rinascimentale, ecc...".

La terza digressione è relativa all'allargamento della via Magistrale, operazione urbanistica non di poco conto nelle trasformazioni urbane che hanno caratterizzato la città di Benevento sul finire del XIX secolo, delle quali trasformazioni lo stesso Meomartini è stato uno degli interpreti principali.

L'intervento sulla via Magistrale, così si chiamava in precedenza il corso Garibaldi, nasce dall'esigenza di dotare la città di un'arteria più rispondente alla modernità. Una inedita descrizione della via Magistrale, che di seguito proponiamo sintetizzata e rivisitata, ci viene proposta, sul giornale *Gazzetta di Benevento* dell'epoca, da un anonimo viaggiatore appena giunto in città: "inoltrandomi nel lungo e largo viale della stazione giungo alla città antica attraversando prima un magnifico

Nella pagina precedente la prima ipotesi di allargamento del Corso e quella poi effettivamente realizzata.
I grafici relativi alle proposte dell'allargamento della via Magistrale sono stati elaborati da Angelo Bosco e Pasquale Rosiello per la tesi di laurea: Benevento dopo l'unità d'Italia, l'allargamento della via Magistrale e l'apertura del corso Vittorio Emanuele, nell'anno accademico 1983/1984, presso la Facoltà di Architettura di Napoli, relatrice prof.ssa Gaetana Cantone.

Il corso Garibaldi in una cartolina degli anni Trenta del Novecento

In questa pagina e nella seguente:
Almerico Meomartini, Palazzo
Carrano al corso Garibaldi

ponte e poi la prima strada interna del centro, l'odierno corso Vittorio Emanuele, che, benché non ancora completato, mi produce una impressione assai favorevole. Ahimé il disinganno sopraggiunge improvvisamente quando raggiungo la via Magistrale. Immaginando di entrare in uno dei vicoli della città, il vetturino mi risponde essere quella la strada principale. Osservo allora con curiosità e vedo una strada lunga, non del tutto diritta, angustissima in cui non si vede che un pezzo di cielo. Le case sono d'ineguale altezza e si caratterizzano con diverse architetture. Accanto a casucce squallide, di tanto in tanto, si riscontra qualche edificio rimarchevole che attrae lo sguardo del forestiero". Questa l'immagine della strada che il viaggiatore anonimo ci lascia prima di essere interessata dall'allargamento: una stradina stretta e angusta che risale per il centro della città, dal Duomo fino alla Rocca. Descrizione, la sua, avvalorata dalla pianta catastale del Mazzarino dell'inizio del secolo XIX, dove si intravede una struttura edilizia urbana all'interno della quale emerge un reticolo di stradine che si distribuiscono tra caseggiati e orti, effettivamente, come tanti vicoli lunghi e stretti.

La ristrutturazione della via Magistrale è stato senza dubbio il problema maggiore che si è presentato agli amministratori della città dopo l'Unità d'Italia. Le proposte di progetto per il cosiddetto nuovo corso, nonostante siano state cinque, possono essere sintetizzate in tre ipotesi diverse, tutte elaborate dall'Ufficio Tecnico Comunale da poco rinnovato, di cui uno dei protagonisti è stato certamente l'ing. Zoppoli.

La prima, molto suggestiva, riguarda una strada alternativa alla Via Magistrale. Il tracciato parte dal Duomo, passa alle spalle di palazzo Paolo V, giunge a largo Giannone, prosegue fino ad arrivare al giardino del Palazzo di Giustizia per poi raggiungere la Rocca dei Rettori. Due collegamenti trasversali permettono di raggiungere la via Magistrale: il primo nei pressi della chiesa di San Bartolomeo, il secondo, dietro la chiesa di san Domenico, che permette anche di raggiungere piazza santa Sofia. Il progetto ha una lunghezza del tracciato di 670 metri circa e una larghezza di 13 metri circa.

La seconda proposta, definita invasiva, anche ideologica, riguarda la rettificazione di tutta la via Magistrale che, partendo da porta San Lorenzo, raggiunge con uno sviluppo rettilineo il sagrato del Duomo, davanti al quale viene disegnata un' esedra. Da questo punto essa si prolunga fino al Pontile prevedendo lungo il suo corso una serie di demolizioni da effettuare sul lato destro, demolizioni che riguardano palazzo Paolo V e la chiesa di sant'Anna. Dal Pontile a Piazza Manfredi si delinea alternativamente un doppio percorso a forma di "Y": il primo percorso collega in modo lineare lo slargo del Pontile alla Rocca dei Rettori (di cui è prevista la demolizione), passa poi sulle aree di sedime di palazzo Terragnoli e della chiesa di san Domenico, di cui pure sono previsti gli abbattimenti; il secondo percorso parte dal già citato slargo del Pontile, punta al campanile di santa Sofia (di cui ugualmente è prevista la demolizione) e si innesta nell'angolo sinistro di Piazza Manfredi. Il progetto ha una lunghezza del tracciato di metri 1200 e una larghezza di 13 metri.

Il tracciato realizzato, che ha avuto pratica attuazione, recupera l'antico andamento della via Magistrale che, partendo dalla porta san Lorenzo, raggiunge la Rocca, passando per il Duomo. Il tratto iniziale, fino alla Cattedrale, non è stato mai realizzato. È stato realizzato, invece, il percorso a partire dal Duomo, poiché si è preferito intervenire soprattutto sul fronte

nord (salendo a sinistra) perché poco caratterizzato da emergenze architettoniche rispetto alla cortina sud. La sede stradale, dai 4 o 5 metri dell'antico tracciato, viene portata a più di 13 metri nel tratto dal Duomo fino al campanile di santa Sofia. Nella parte finale la sede stradale si allarga per far posto, in seguito, al Palazzo del Governo.

L'ampliamento della via Magistrale è stato attuato in tre fasi.

La prima inizia dall'angolo di corso Vittorio Emanuele, giunge ai Quattro Cantoni, passa da Piazza Papiniano e arriva a via Pontile. In questo tratto sono intervenuti, prevalentemente, gli ingegneri dell'Ufficio Tecnico Comunale, Greco e Zoppoli. Il loro linguaggio architettonico è mutuato dall'esperienza napoletana e in parte romana, con uno stile che recupera un classicismo settecentesco sobrio ed essenziale. Questo tragitto vede anche l'intervento dell'architetto Meomartini, il quale si interessa della proprietà Carrano, del palazzo Meomartini, del successivo blocco del Seminario Arcivescovile e del palazzo Parisio.

La seconda fase riprende il tracciato a partire dal Pontile fino al Campanile di santa Sofia ed è molto più modesta, fatta eccezione per il Palazzo Perrotta, già sede del Banco di Napoli.

Per la terza fase, dal Campanile di santa Sofia alla piazza Manfredi, tra i vari progetti redatti viene scelto quello di Eugenio Greco, che prevede un allargamento molto consistente della sede stradale (da 13 metri a 29 metri), l'individuazione dell'area del palazzo della Prefettura, l'isolamento del Campanile di santa Sofia e la traversa di via Cardinal di Rende. Il progetto del nuovo corso realizzato ha una lunghezza del tracciato, a partire dal Duomo, di poco superiore a 700 metri, mentre la larghezza è di 13 metri, fino al campanile.

Questo è il contesto progettuale in cui si inserisce l'esperienza professionale di Meomartini il quale, nel fare propri i temi progettuali dell'eclettismo, crea, per l'epoca, qualcosa di originale nel nuovo panorama architettonico della città che presentava una edilizia prevalentemente settecentesca a seguito dei terremoti del 1688 e del 1702. Ancora oggi al corso Garibaldi, dopo gli interventi di fronte al Duomo, ad opera di Zoppoli e Greco, non più presenti perché abbattuti dai bombardamenti del 1943, si possono notare i palazzi dell'architetto Meomartini.

Il primo è il Palazzo Carrano, che si eleva su quattro livelli segnati da cornici marcapiano. Al piano terra è presente un'ampia fascia a bugnato liscio, interrotto da grosse aperture

Nella pagina precedente: Almerico Meomartini, Palazzo Meomartini al corso Garibaldi

Almerico Meomartini, Facciata del Seminario Arcivescovile al corso Garibaldi

con archi a sesto ribassato e dal portale d'ingresso centrale. I livelli superiori evidenziano, al primo piano, una sequenza di finestre con archi sporgenti, intervallate, centralmente e lateralmente, da balconate. Al secondo e al terzo piano le aperture arcuate si ripetono in maniera semplificata e sono sormontate da cornici rettilinee in aggetto, mentre continuano, allineate a quelle del primo piano, le balconate. L'edificio si conclude con un cornicione decisamente robusto rispetto alle fasce marcapiano. Nella parte retrostante dell'edificio, che si affaccia sulla piazza Dogana, gli elementi stilistici della facciata sul corso si perdono, in quanto risultano addossate, al corpo di fabbrica, altre costruzioni.

Nel prosieguo del percorso ecco Palazzo Meomartini. L'edificio appare decisamente più raffinato ed elegante rispetto al precedente. La sua dimensione, più contenuta, consente una lettura più agile. La facciata sul corso presenta quattro livelli di cui il primo, al piano terra, evidenzia tre grosse aperture rettangolari in una parete liscia. L'edificio si arricchisce di elementi architettonici al secondo e al terzo livello, dove sono presenti due balconate centrali con balaustre sporgenti e una sequenza di doppie aperture, rettangolari al primo piano, arcuate al secondo. Quattro lesene corinzie con funzioni decorative, o forse anche di rinforzo, collegate da un cornicione marcapiano, alternano i pieni e i vuoti della parete medesima. L'ultimo livello presenta, al di sopra della fascia marcapiano, una lunga balconata con continue aperture, oltre le quali l'edificio termina. Nella facciata posteriore il palazzo si caratterizza con un altro prospetto. I livelli, da quattro diventano tre, di cui il primo è bugnato con aperture ad archi a tutto sesto; il secondo evidenzia quattro lesene corinzie che incorniciano nella parete ampie aperture con ringhiera, due lateralmente e una centralmente; il terzo livello, infine, ripete l'ampia balconata del prospetto anteriore.

Superato il vicolo Pacca si inserisce l'ampia sagoma dell'edificio del Seminario Arcivescovile. Ancora una volta si innalza su quattro livelli, di cui i primi due bugnati. Prevale sulla facciata l'apertura arcuata, interrotta da qualche balcone sporgente sostenuto da mensole con volute. Le cornici marcapiano definiscono i vari livelli, mentre un cornicione su mensole chiude la facciata, che continua lateralmente sia sul vicolo Pacca che sulla piazzetta Papiniano.

Subito dopo lo slargo con l'obelisco egizio si inserisce il Palazzo Parisio, che si eleva su tre livelli e che non presenta particolarità di rilievo né nella facciata sul corso né su quella di piazzetta Papiniano. Si nota come in facciata non sia presente l'elemento arcuato, già evidente nei palazzi precedenti. Una sequenza di archi è presente però sulla facciata che prospetta sulla piazzetta laterale, ma sembrano di un successivo intervento.

Con Palazzo Parisio si concludono gli interventi di Meomartini sul corso.

Per trovare un'altra sua proposta progettuale bisogna arrivare a piazza Castello, dove viene realizzato nel 1890 il Villino Meomartini, forse una delle sue ultime opere rilevanti. Oggi, purtroppo, esso risulta nascosto e inglobato nel palazzo che si affaccia sulla piazza, costruito negli anni Sessanta, sull'area del giardino antistante. Il villino evidenziava, nel prospetto anteriore, due parti laterali che si ripetevano simmetricamente rispetto alla severa compostezza del colonnato ionico dell'ingresso. Il disegno complessivo della facciata era ricco e articolato e si caratterizzava per la presenza di aperture con bifore laterali c una trifora centrale al di sopra dell'ingresso. Spicca-

Almerico Meomartini, Facciata del Palazzo Parisio al corso Garibaldi

Almerico Meomartini, Il villino Meomartini in piazza Castello a Benevento, inizi Novecento.

vano anche, nelle due parti laterali, delle bugne al piano inferiore e delle colonne con capitelli al piano superiore. Raimondo Consolante nel suo *"Benevento, architettura e città nel Moderno"* sostiene che probabilmente "l'opera inaugura la serie di villini borghesi realizzati agli inizi del Novecento nella zona alta del viale degli Atlantici".

Come leggere questi interventi nel panorama urbanistico e architettonico ottocentesco della città di Benevento? In Europa le grandi modifiche sociali della seconda metà del XIX secolo hanno portato alcune grandi città europee a modificare il loro assetto urbano all'interno del centro antico.

A Parigi, per esempio, Haussmann introduce il grande sistema di boulevards che diventa una tipologia urbanistica che si ripete per la trasformazione di alcune delle grandi città europee, infatti Milano, Firenze, Roma, Napoli, Marsiglia, Toulose, Montpelier, Rouen, Madrid, Barcellona si rinnovano sul modello parigino.

Con le dovute differenze, e soprattutto con le dovute proporzioni, anche il centro antico della città di Benevento è stato interessato da abbattimenti, sventramenti e allargamenti. Dapprima vengono demolite le porte della città: nell'ordine sono

*Almerico Meomartini, Il padiglione della Provincia di
Benevento all'Esposizione di Igiene di Napoli, 1900*

abbattute porta Somma (1865), porta Pia (1867), porta San Lorenzo (1868-69). Precedentemente nel 1865 l'arco di Traiano, già detto port'Aurea, viene liberato dalle inferriate aventi funzioni di cancelli. Rimangono intatte porta Rufina (abbattuta nel 1930) e port'Arsa, oggi l'unica ancora presente nella cinta muraria della città antica. Importante è lo sventramento e la realizzazione dell'attuale corso Vittorio Emanuele. Seppure effettuato nel primo decennio dello stato unitario, esso è in realtà un'eredità del governo pontificio. Questo nuovo tracciato, trasversale rispetto all'orientamento dell'impianto urbano della città antica, si lega sia ad un'idea di sviluppo di Benevento nella pianura oltre il fiume Calore, sia alla necessità di legare lo sviluppo urbano ai futuri insediamenti industriali, nonché alla costruzione della Ferrovia. Infatti, ancora oggi, un'unica linea rettilinea congiunge il baricentro dell'antica Benevento al nodo ferroviario.

Come già descritto in precedenza, l'altro grande intervento ottocentesco è stato l'allargamento dell'antica via Magistrale. Dopo l'ampio viale della stazione e dopo lo sventramento del corso Vittorio Emanuele, in continuità del ponte vanvitelliano sul Calore, il tragitto per poter raggiungere la parte alta della città, che in quel periodo si sta dotando anche della villa Comunale, necessita di rendere più rappresentativo un attraversamento (quello della via Magistrale) che possa offrire un percorso decisamente più agile e soprattutto più veloce, comodo e rispondente ai nuovi tempi. In questo quadro le nuove costruzioni, sul lato sinistro del corso, evidenziano condomini borghesi con il piano terreno destinato ai negozi e i tre piani superiori con appartamenti di dimensioni e costi diversi, un segno della volontà di voler evidenziare, anche in una piccola città di provincia, che i tempi sono cambiati e che la nuova classe sociale forse vuole dare di sé una immagine più moderna.

Anche il villino Meomartini va letto in quest'ottica, infatti l'emergente classe sociale della borghesia intende appropriarsi di nuovi luoghi urbani, leggermente più lontani dal centro, ma più vicini alle aree a verde come la villa comunale.

Meomartini non progettò solo edifici, di lui si ricorda anche il particolare progetto del Padiglione, con il quale la Provincia partecipò all'Esposizione di Igiene in Napoli nel 1900. L'avvocato Costantino Anzovino, nell'estratto del 1923 n°IV della *Rivista storica del Sannio*, dedicato al Meomartini, ci dice che poiché "si desiderava che l'architettura del padiglione fos-

In alto: Primo progetto, elaborato dallo Studio tecnico Meomartini, per il nuovo altare del Duomo di Benevento, 1890.
In basso: Progetto definitivo, realizzato nel 1903 e distrutto dai bombardamenti del 1943.
I disegni dei due altari progettati da Meomartini sono riportati in La tutela dei monumenti a Benevento e l'attività della Commissione conservatrice provinciale: 1860-1915, in Giuseppe Fiengo (a cura di), Tutela e restauro dei monumenti in Campania 1860-1900, Electa, Napoli 1993.

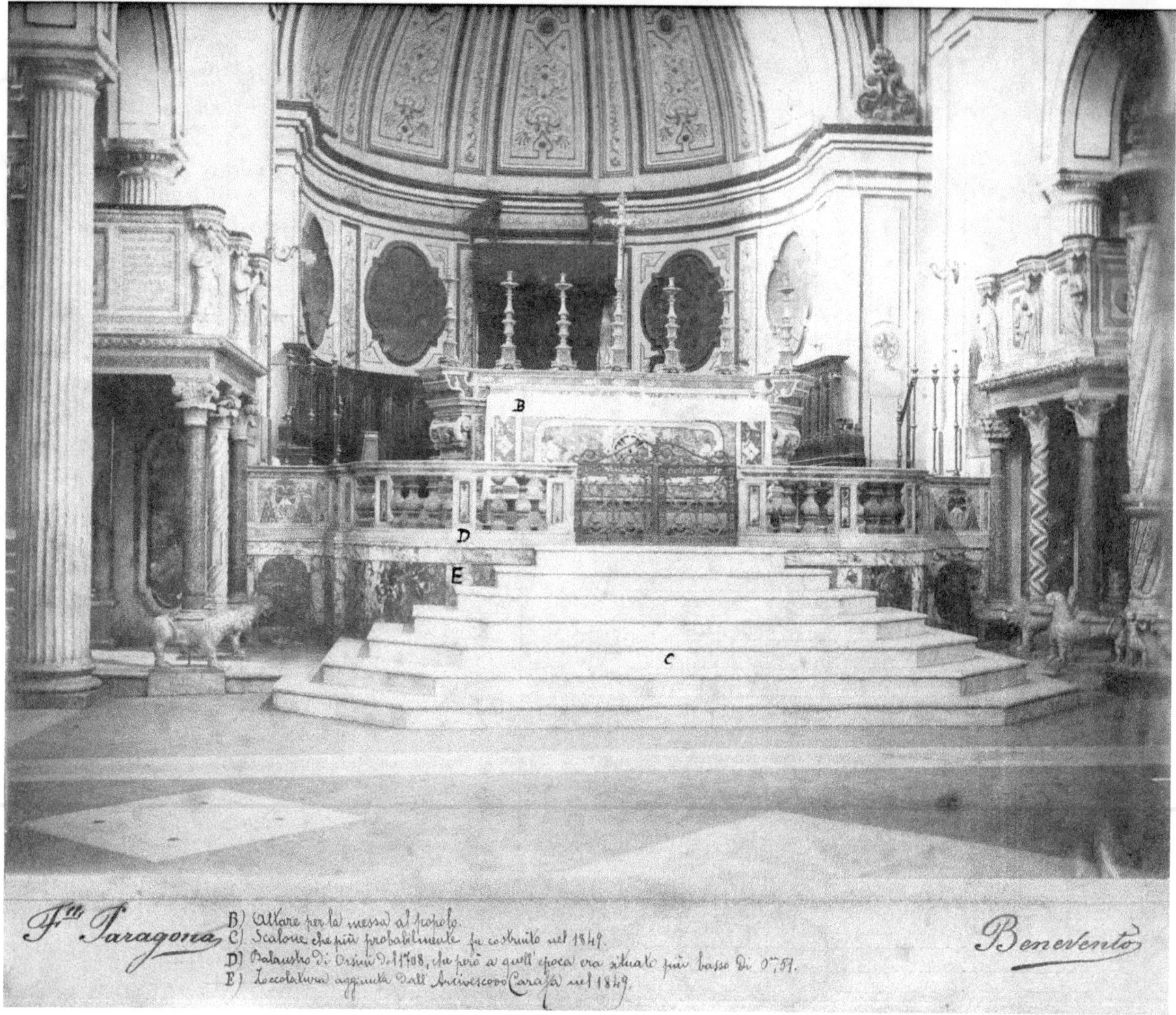

In alto: Il vecchio altare del Duomo, demolito nel 1903.

Nella pagina accanto: L'altare realizzato nel 1903 da Meomartini e distrutto dai bombardamenti del 1943.

se l'espressione più rappresentativa della città, si pensò alla riproduzione dell'Arco di Traiano in vera grandezza e in tutti i suoi particolari. Tale idea non fu possibile perseguirla causa la brevità del tempo a disposizione, la mancanza di mezzi e il veto del Ministero che impedì il calco dei bassorilievi che avrebbe potuto arrecare danni al monumento. Non si volle abbandonare l'idea per cui si decise comunque di costruire un modello di arco su una pianta quadrata che diede vita a quattro facciate con quattro arcate per ogni prospetto, creando così una copertura con volta semisferica".

Un altro progetto di Meomartini è quello dell'altare maggiore del Duomo di Benevento, in sostituzione di quello allora esistente. L'incarico di redigere il progetto per la costruzione del nuovo altare è affidato a Meomartini dall' Arcivescovo Bonazzi. L'architetto elabora due ipotesi con un impianto qua-

drangolare di base sormontante l'altare che si conclude con una copertura: a calotta neogotica con archi trilobati, cuspidi e pinnacoli superiori nella prima ipotesi, a cupoletta che si eleva su una struttura piramidale a gabbia caratterizzata da due ordini di colonnine nella seconda. Viene scelta questa seconda ipotesi e i lavori iniziano il 4 novembre 1903 con l'abbattimento del vecchio altare, di cui viene fatta una fotografia per conservarne memoria. Di questo nuovo altare, forse ispirato al ciborio ancora oggi presente in san Lorenzo al Verano, ci rimangono solo alcuni disegni e delle foto perché distrutto dai bombardamenti del 1943.

Di Meomartini è giunta fino a noi una cospicua produzione architettonica, che per brevità di trattazione non è stato possibile proporre integralmente, ma che comunque vogliamo ricordare: la Cappella della Società Operaia nel cimitero comunale, i lavori di restauro alla Rocca dei Rettori e il coevo allestimento del primo nucleo del Museo del Sannio, il restauro della chiesa di santa Sofia, gli scavi, effettuati a sue spese, per il teatro romano della città e il progetto per l'ampliamento, non realizzato, del Convitto Nazionale Giannone a piazza Roma. Pure la provincia ha visto interventi con la sua firma: la fontana pubblica Sant'Elia a Reino, il Municipio e un'altra fontana pubblica a Ceppaloni, la torre dell'orologio a Fragneto l'Abate, i progetti di rifacimento della piazza principale intitolata a Francesco Flora e dell'edificio scolastico in via Pasquale Meomartini a Colle Sannita.

Meomartini per il suo impegno di architetto, archeologo, studioso e politico, ha assunto dunque un ruolo di primo piano per il territorio sannita. Diversi sono stati i suoi contributi e tutti hanno lasciato un segno indelebile ed è per questo che egli merita di essere ricordato.

Meomartini e l'Iseo di Benevento

di **Maurizio Cimino**

Sotto il cumulo di molti metri di terriccio scaricatovi dalla ignoranza di tempi nefasti, chi sa quante memorie, quante opere d'arte dormono il sonno dell'oblio!

Almerico Meomartini[1]

Ma ancora una cosa ti meraviglierà. A Benevento incontrerai l'Egitto. Domiziano ("crudele tiranno" - come vuole la storia) nell'89, cioè qualche anno prima della sua morte, elevò qui un tempio in onore d'Iside, l' "Isaeum". Colà doveva trovarsi una vera folla di dei.

Kazimiera Alberti[2]

Un monumento beneventano che esercita un indiscutibile fascino, grazie anche all'evocazione di terre lontane e di atmosfere esotiche, è l'Iseo, il santuario intitolato a Iside, eretto all'epoca di Domiziano. Le fondamenta di questo complesso, testimone della penetrazione della religione egizia nell'impero romano, giacciono sepolte in un luogo non identificato, aumentando il senso di mistero. A memoria dell'antico splendore, rimangono, però, gli obelischi decorati dai geroglifici, i fusti delle colonne, le sculture: *disiecta membra*, frammenti sparsi, visibili nelle strade, nelle chiese e nei musei di Benevento, che concorrono a definire la fisionomia del centro storico.

Tra fine Ottocento e inizio Novecento, Almerico Meomartini, una singolare figura di ingegnere-architetto *prestato* alla storia e all'archeologia, ha offerto un contributo decisivo alla conoscenza dell'Iseo, attraverso le scoperte, le pubblicazioni e il primo tentativo di esposizione dei materiali rinvenuti nel nascente Museo del Sannio. Non ha mancato, inoltre, di offrire il suo apporto a due questioni particolarmente complesse e ancora oggi oggetto di un vivace dibattito tra gli studiosi, relative all'ubicazione e all'epoca di distruzione del santuario.

---

[1] ALMERICO MEOMARTINI, *Benevento*, Istituto Italiano d'Arti Grafiche, Bergamo 1909, p. 109.

[2] KAZIMIERA ALBERTI, *Campania, gran teatro*, 1955, citato in ANIELLO GENTILE, *Benevento nei ricordi dei viaggiatori italiani e stranieri*, Società Editrice Napoletana, Napoli 1982, p. 203.

Foto 1 - *Statua-cubo di Neferhotep, 825-774 a.C., Benevento Museo Arcos. La foto, segnalataci da Francesco Morante, correda una scheda di catalogo del Ministero per i Beni Culturali e Ambientali.*

Il testo affidato a queste pagine rende omaggio all'operato di Meomartini, prendendo le mosse dalla relazione *Iside al Museo del Sannio: note sugli allestimenti*, svolta da chi scrive, in occasione del convegno *Il tempio di Iside a Benevento. Modelli a confronto e nuovi studi sulla collezione isiaca del Museo del Sannio. In onore di Stefania Adamo Muscettola*, tenuto il 3-4 dicembre 2005 presso il Museo del Sannio,[3] e sviluppando alcuni passaggi, alla luce delle ricerche intervenute nel frattempo. Avvertiamo i lettori che alcune criticità, presenti nel nostro tentativo di ricostruzione, sono dovute all'insufficienza, se non, qualche volta, alla totale assenza di documenti.

Le scoperte, le pubblicazioni e il primo tentativo di esposizione

Grazie a un Regio Decreto datato 7 novembre 1889, il cavaliere Almerico Meomartini diventò *Ispettore agli Scavi e ai Monumenti* del circondario di Benevento e iniziò ufficialmente la sua attività di archeologo, con esiti degni di rilievo. Un primo segnale dell'interesse dello studioso per le testimonianze del culto di Iside furono due scoperte avvenute nell'aprile del 1892, in luoghi diversi della città: la statua-cubo dello scriba reale Neferhotep (foto 1), nell'area dell'archiepiscopio, e un frammento di obelisco (foto 2), nel giardino del palazzo del marchese Onofrio De Simone, attuale conservatorio musicale Nicola Sala, vicino al complesso di Sant'Agostino.

Per la statua-cubo dello scriba reale, risalente alla XXII dinastia (825-774 a.C.), ci limitiamo ad osservare che il titolo di scriba e il nome Neferhotep sono incisi nei geroglifici che ricoprono tutta la figura, posta in origine nel santuario del dio Ptah a Menfi e trasferita nell'Iseo di Benevento, probabilmente all'epoca di Domiziano.

[3] Gli atti del convegno non sono stati pubblicati. Riportiamo, di seguito, una rassegna stampa: NICOLA CAMILLERI, *Digressioni sul Museo al convegno su Iside*, in *MESSAGGIO d'oggi*, 8 dicembre 2005, p. 4; PAOLA CARUSO, *Il tempio di Iside a Benevento*, in *Realtà Sannita*, 16/31 dicembre 2005, p. 6; FRANCESCO BOVE, *Ricerca del tempio perduto: errori e rischi per il Museo*, in *il Quaderno*, 18 dicembre 2005, p. 6.

Foto 2 - *Frammento di obelisco, 81-96 d.C. circa. Il frammento in questione costituisce oggi la parte superiore dell'o-
belisco eretto a Benevento in Piazzetta Papiniano. Le foto, segnalateci da Francesco Morante, corredano una scheda di
catalogo del Ministero per i Beni Culturali e Ambientali.*

Foto 3 - Obelisco, 81-96 d.C. circa, Benevento Piazzetta Papiniano. La foto compare nel volume di Almerico Meomartini, Benevento, del 1909. Nel volume l'immagine risulta scontornata (p. 131) e quella che si propone qui è la foto originale conservata a Roma, segnalataci da Francesco Morante.

[4] L'obelisco fu eretto nel 1597, sotto il pontificato di Sisto V, sul sagrato della Cattedrale di Benevento e dedicato alla Vergine Maria. Questo intervento si collegava strettamente a quanto avvenuto a Roma, dove Sisto V aveva incaricato Domenico Fontana di innalzare gli obelischi in piazza San Pietro nel 1586, Santa Maria Maggiore nel 1587, San Giovanni in Laterano nel 1588, piazza del Popolo nel 1589. All'indomani dell'unità d'Italia, l'obelisco sul sagrato della Cattedrale di Benevento venne rimosso e collocato, nel 1872, sotto l'amministrazione comunale di Pasquale Capilongo, in piazzetta Papiniano. Nell'intervento non doveva, probabilmente, essere estraneo un certo clima culturale influenzato dalla Massoneria, che attingeva a piene mani alla civiltà egizia e mal sopportava l'idea di un monumento di Iside dedicato alla Madonna.

[5] La fotografia dei due frammenti di obelisco nel cortile dell'archiepiscopio è stata pubblicata da CESARE MUCCI, *Il mistero dei frammenti spostati*, in *Quattro passi nella storia (2021-2022)*, a cura di Giuseppe Patrevita, *Quaderni dell'Archeoclub di Benevento 7*, maggio 2023, pp. 119-120.

[6] Cfr. LUIGI GUERRIERO, *La tutela dei monumenti a Benevento e l'attività della Commissione conservatrice provinciale 1860-1915*, in *Tutela e restauro dei monumenti in Campania 1860-1900*, a cura di Giuseppe Fiengo, Electa, Napoli 1993, pp. 48, 55.

L'importanza della scoperta del frammento di obelisco De Simone era davvero grande, perché permetteva finalmente di colmare una lacuna e di conoscere, dunque, in misura integrale l'iscrizione in geroglifici, incisa sulla coppia di obelischi, che facevano parte dell'architettura dell'Iseo, di età domizianea. A fine Ottocento, ricordiamo, c'erano a Benevento un obelisco innalzato nel 1872 a piazzetta Papiniano (foto 3), ma già eretto in precedenza sul sagrato della Cattedrale,[4] e due frammenti di obelisco conservati nel cortile dell'archiepiscopio (foto 4).[5]

Nel 1893, sulla scia forse dell'entusiasmo procurato dalla sua scoperta, Meomartini presentò un progetto che consisteva nella ricomposizione del frammento di obelisco De Simone con i due frammenti dell'archiepiscopio,[6] colmando le lacune esistenti con malta di cemento, ma il progetto, di cui resta il grafico (foto 5), si arenò subito. Perché?

Foto 4 - Due frammenti di obelisco nel cortile dell'archiepiscopio di Benevento, prima del 1894. La foto appare di grande interesse perché mostra i due frammenti inseriti in una piccola esposizione, che comprende anche delle epigrafi romane murate sulla parete di fondo. Il blocco con lo stemma a rilievo del cardinale Vincenzo Maria Orsini, utilizzato come base del frammento di obelisco a sinistra, si conserva oggi all'interno della Cattedrale di Benevento.

In basso: Foto 5 - Studio tecnico di Almerico Meomartini, Rappresentazione grafica alla scala di 1/10 dal vero di tre pezzi di obelisco di granito rosso, esistenti in Benevento, 1893.

La risposta deve cercarsi nel fatto che lo studio della statua di Neferhotep e del frammento di obelisco De Simone fu affidato dal Ministero della Pubblica Istruzione a Ernesto Schiaparelli, allora direttore della sezione egizia del Museo Archeologico Nazionale di Firenze (e, a partire dal 1894, del Museo Egizio di Torino). Riteniamo che non si potesse procedere diversamente, perché Meomartini non possedeva la competenza necessaria per la decifrazione dei geroglifici.

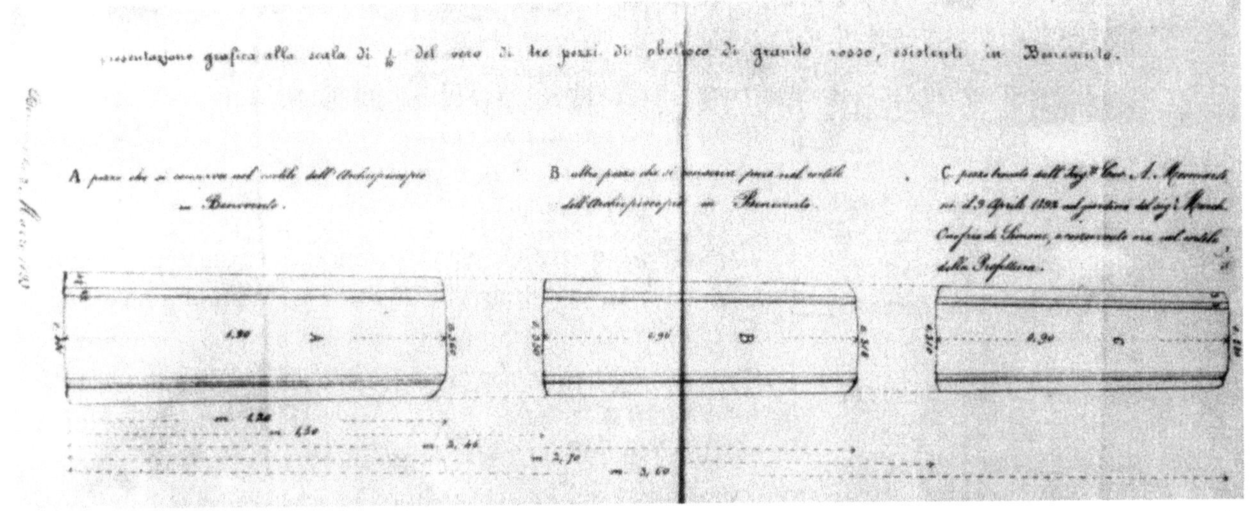

Nello scritto *BENEVENTO. Antichità egizie scoperte entro l'abitato*, facente parte delle *Notizie degli scavi di antichità*, pubblicate nel 1893 dall'Accademia dei Lincei, Schiaparelli illustrava le modalità della scoperta, avvalendosi del rapporto stilato da Meomartini: *Nell'aprile 1892 vennero disseppelliti a Benevento, in due diverse località, un frammento di statua in granito e un frammento di obelisco pure in granito, amendue coperti di iscrizioni geroglifiche. Giovandomi del diligente ed erudito rapporto presentato in proposito dal sig. ing. Cav. Meomartini, R. Ispettore degli scavi per il circondario di Benevento, e delle fotografie e riproduzioni in gesso comunicatemi, ne riferisco qui appresso una breve nota illustrativa.*[7]

Riguardo il frammento di obelisco De Simone, Schiaparelli affermava che *il frammento venuto in luce nell'aprile 1892, ignorato dallo Champollion e dal Rosellini non meno che dall'Ungarelli, completa nella sua sezione superiore, come già suppose il prelodato cav. Meomartini Ispettore degli scavi, uno dei due obelischi, e precisamente quello che nella pubblicazione dell'Ungarelli è designato colla lettera A.*[8] Il frammento di obelisco De Simone apparteneva, dunque, all'obelisco di piazzetta Papiniano e non si collegava ai due frammenti di obelisco dell'archiepiscopio, come erroneamente supposto da Meomartini nel suo progetto di ricomposizione. Già Jean-Francois Champollion, del resto, aveva osservato, in una lettera del 5 settembre 1826, che l'obelisco collocato davanti la facciata della Cattedrale, *era fatto di pezzi di due obelischi.*[9]

A gettare, purtroppo, un'ombra sui rapporti intercorsi tra Meomartini e Schiaparelli, sopraggiunse un articolo di Adolf Erman, direttore del Museo Egizio di Berlino, incentrato sugli obelischi di Benevento e pubblicato, sempre nel 1893, nel volume VIII delle *Comunicazioni dell'Istituto Archeologico Germanico.*[10] Inevitabile risultò lo strascico polemico, distintivo delle gelosie esistenti spesso tra gli studiosi, nella rivendicazione del primato: *Il fatto provocò il risentimento dello Schiaparelli, che se ne lamentò accusando l'ispettore sannita di aver inopportunamente diffuso i calchi degli obelischi.*[11]

Sul frammento di obelisco De Simone, scoperto da Meomartini, va detto ancora di un errore commesso da Hans Wolfgang Müller, nella sua fondamentale ricerca *Der Isiskult im antiken Benevent und Katalog der Skulpturen aus den ägyptischen Heiligtümern im Museo del Sannio zu Benevent*, del 1969, pubblicata in italiano nel 1971. L'egittologo, infatti, elencando *I luoghi di ritrovamento e i reperti*, al giardino De Simone collega la *Cuspide*

---

[7] ERNESTO SCHIAPARELLI, *BENEVENTO. Antichità egizie scoperte entro l'abitato*, in *Notizie degli scavi di antichità comunicate alla R. Accademia dei Lincei per ordine di S.E. il ministro della pubblica istruzione*, 1893, p. 267.

[8] Idem, p. 269.

[9] Cfr. CESARE MUCCI, *Obelischi, Champollion il primo studioso*, in *Il Sannio Quotidiano*, giovedì 10 agosto 2023, p. 8.

[10] ADOLF ERMAN, *Obelisken Römischer Zeit, I. Die Obelisken von Benevent*, in *Mitteilungen des Deutschen Archalogischen Instituts, Römische Abteilung, Rom*, VIII, 1893, pp. 210-218.

[11] LUIGI GUERRIERO, cit., pp. 76-77, n. 88.

dell'Obelisco in Piazza Papiniano,[12] mentre dal progetto di ricomposizione di Meomartini del 1893, dalle vecchie fotografie e da un'ulteriore documentazione che ci accingiamo ad esaminare, non risulta affatto una cuspide, dalla caratteristica forma appuntita piramidale, ma un grande blocco.

Le vicende delle scoperte delle testimonianze egizie si intrecciarono sin dall'inizio con quelle del nascente Museo, istituito dalla Provincia di Benevento nel 1893, all'interno del mastio della trecentesca Rocca dei Rettori, sfuggita alla demolizione e restaurata dallo stesso Meomartini.[13] In occasione di una riunione, svoltasi il 5 ottobre 1894 nella Prefettura, la Commissione Provinciale Conservatrice dei Monumenti, composta da Almerico Meomartini, Ferdinando Colonna di Stigliano, Vincenzo Barricelli, Luigi Cifaldi, Giuseppe Manciotti e Urbano d'Agostini (quest'ultimo assente alla riunione), deliberò di *rivolgere calde preghiere all'em. Cardinale Siciliano, al marchese De Simone e al marchese Pacca, perché vogliono consentire che gli oggetti esistenti presso di essi, cioè, pel primo le sculture e l'epigrafi che trovano incastrate nel cortile scoperto dell'Archiepiscopio, pel secondo le sculture e le epigrafi che sono nel giardino, e pel terzo tutte le epigrafi che sono incastrate nel muro della casa prossima al palazzo Pacca, nonché il busto del Card. Pacca esistente nel palazzo medesimo, siano collocati nel Museo Provinciale.*[14]

Le preghiere formulate dalla Commissione trovarono una benevola accoglienza e i materiali sopra citati, appartenenti a tre nuclei collezionistici diversi, confluirono nelle collezioni della Rocca dei Rettori. Alcune schede di catalogo del Ministero per i Beni Culturali e Ambientali, databili agli anni Settanta del Novecento e relative alle testimonianze egizie di Benevento, risultano corredate da vecchie fotografie di fine Ottocento all'albumina, che mostrano i due frammenti dell'obelisco sistemati non più nel cortile dell'archiepiscopio, ma nella Rocca (foto 6).[15]

Datato marzo 1895 è lo scritto di Meomartini: *Degli obelischi di Benevento, del dio Apis e del tempio d'Iside*, che chiude il saggio *I monumenti e le opere d'arte della città di Benevento*, pubblicato a fascicoli, a partire dal 1889. Si tratta di quattro pagine scarse (su cinquecentotré in totale del libro), concentrate, soprattutto, sugli obelischi. Lo studioso rivendicava la scoperta del frammento di obelisco De Simone; affermava di aver fatto trasportare nel 1894 il frammento di obelisco De Simone e i due frammenti di obelisco dell'archiepiscopio nel nascente Museo dentro la

---

[12] HANS WOLFGANG MÜLLER, *Il culto di Iside nell'antica Benevento. Catalogo delle sculture provenienti dai santuari egiziani dell'antica Benevento nel Museo del Sannio*, Benevento 1971, p. 109.

[13] Sulla ventilata demolizione della Rocca dei Rettori, osteggiata da Meomartini e dalla Commissione permanente di Antichità e Belle Arti, cfr. LUIGI GUERRIERO, cit., pp. 64-65. Meomartini sintetizza così gli interventi di restauro effettuati allora sulla Rocca: *l'interno era ridotto in pessimo stato, quando dopo il 1890, l'autore di questa Guida, per destinarlo a Museo provinciale, lo fece restaurare in parte, riproducendo alcune antiche parti murate, in particolare nel pianterreno, le finestre binate della facciata settentrionale, la scala a chiocciola dal pianterreno al salone del primo piano* (ALMERICO MEOMARTINI, *Guida di Benevento e dintorni*, Benevento 1910, p. 34). Su questi argomenti si veda il testo di Francesco Morante su questo *Annuario*.

[14] *Gazzetta di Benevento*, n. 14 ottobre 1894, citata in FRANCESCO MORANTE, *Paternità incerta per il Museo del Sannio*, in *La Provincia Sannita*, anno XXIV, nuova serie, n. 2/2004, p. 35.

[15] Le schede del Ministero della Pubblica Istruzione sono consultabili sul sito dell'ICCD.

Foto 6 - Due frammenti di obelisco nella Rocca dei Rettori. Le foto corredano alcune schede di catalogo del Ministero per i Beni Culturali e Ambientali.

Foto 7 - Api, fine II secolo d.C. circa, Benevento viale Madonna delle Grazie. La foto compare nel volume di Almerico Meomartini, Benevento, del 1909 (p. 28).

Rocca dei Rettori; scriveva, inoltre, sulla scia dello studio effettuato da Schiaparelli, che *l'obelisco di piazza Papiniano non si compone di pezzi tutti propri, ma bensì possiede un pezzo che non gli appartiene.*[16] Siamo in grado di precisare che il frammento in questione, non appartenente all'obelisco di piazza Papiniano, era il primo, partendo dal basso.

Circa l'ubicazione dell'Iseo, Meomartini preferiva non pronunciarsi ancora: *dove sia stato situato questo tempio di Iside in Benevento non sappiamo; e nella incertezza sarebbe ozioso perdersi in varie ipotesi.*[17] Al tempio, infine, collegava la statua di Api (foto 7), collocata sul viale della Madonna delle Grazie (viale San Lorenzo): *Forse nello stesso tempio ebbe posto il Dio Api, il quale, scolpito in granito rosso di Egitto, ora s'innalza sopra di un moderno piedistallo di fianco al viale della Madonna delle Grazie fuori la città, battezzato da una strana iscrizione moderna per "bubalum, simbolo delle vittorie dei Sanniti". E ritengo che sia stato in detto tempio, perché esso va collegato ad Iside.*[18] Per la statua di Api, rinvenuta nel 1629, fuori città, oltre il fiume Sabato, in località Casale Maccabei, gli studiosi oggi preferiscono ritenere che non appartenesse ai culti praticati all'interno delle mura di Benevento e fosse qualcosa a sé stante, lasciando aperte le porte ai dubbi e alle interpretazioni.

---

[16] ALMERICO MEOMARTINI, *Degli obelischi di Benevento, del dio Apis e del tempio d'Iside*, marzo 1895, in *I monumenti e le opere d'arte della città di Benevento*, Benevento 1889-1895, p. 485.

[17] Idem, p. 487.

[18] Ibidem.

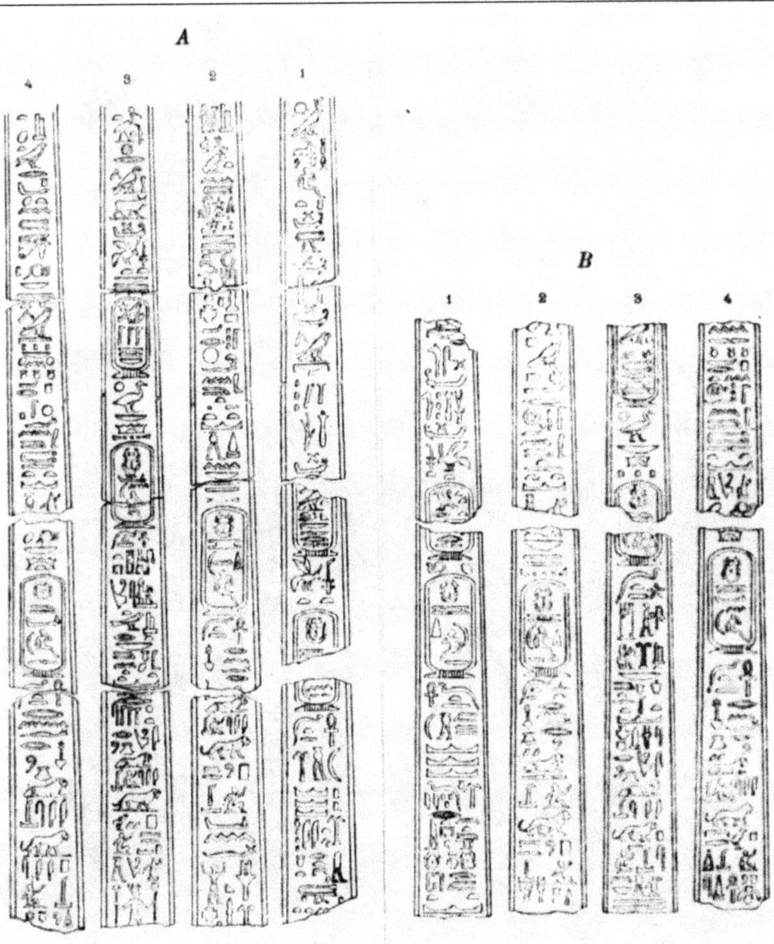

Foto 8 - Le iscrizioni geroglifiche dei due obelischi. Il grafico è tratto dallo studio di Adolf Erman, Die Obelisken der Kaiserzeit, del 1896 (tav. VIII).

Determinante per lo studio dei due obelischi dell'Iseo fu una pubblicazione di Erman, *Die Obelisken der Kaiserzeit*, del 1896. Un grafico, con i disegni delle iscrizioni geroglifiche (foto 8),[19] mostra la corretta ricomposizione dei due obelischi beneventani, di cui uno, indicato con la lettera A, formato da quattro frammenti (compreso quello De Simone, rinvenuto da Meomartini), e l'altro, indicato con la lettera B, formato da due frammenti. A entrambi gli obelischi mancano, nei disegni, il *pyramidion* (cuspide) e la base.

Nel 1904, come vedremo più avanti riguardo le scoperte egizie nel complesso di Sant'Agostino, Orazio Marucchi ritornò sul frammento di obelisco De Simone, per auspicare la sua corretta collocazione: *Prendo intanto questa occasione per manifestare anche il desiderio degli studiosi che si rimetta al suo posto il frammento di obelisco scoperto nel 1892, il quale completa la parte superiore dell'obelisco tuttora in piedi presso il Corso moderno, come suppose già il cav. Meomartini e confermò lo Schiaparelli nella dotta sua relazione; tanto più che precisamente su questo frammento vi è la*

[19] ADOLF ERMAN, *Die Obelisken der Kaiserzeit*, in *Zeitschrift fur Agyptische Sprache und Altertumskunde*, Leipzig, 34, 1896, pp. 149-158, tav. VIII.

Foto 9 - Obelisco del Museo del Sannio nella ricomposizione effettuata da Alfredo Zazo. La foto di Luigi Intorcia compare nell'opuscolo di Alfredo Zazo, Benevento, del 1930 (p. 24).

---

[20] OTTAVIO MARUCCHI, *Benevento. 2. Nota sulle sculture di stile egizio scoperte in Benevento*, in *Notizie degli Scavi*, 1904, fascicolo 3, p. 127.

[21] ALMERICO MEOMARTINI, *Guida di Benevento e dintorni*, cit., p. 35. Nella *Guida*, a proposito della statua del *Dio Apis* presso porta San Lorenzo, si legge: *Probabilmente doveva collegarsi al culto di Iside, il cui tempio venne in Benevento eretto nell'anno VIII° del regno di Domiziano. Dinanzi a detto tempio sorgevano due obelischi simmetrici, quello esistente in Piazza Papiniano e l'altro trasferito nel Museo Provinciale al Castello dall'autore di questa "Guida", il quale ne recuperò il pezzo più importante che ne segna l'epoca* (p. 81).

[22] ALFREDO ZAZO, *Benevento*, Consi-

data dell'anno ottavo di Domiziano, in cui venne fondato o ricostruito l'Iseo di Benevento.[20]

Al 1910 risale una *Guida di Benevento e dintorni*, opera di Meomartini, dove, a proposito del materiale raccolto presso la Rocca dei Rettori, venivano citati: *tre frammenti di obelischi, uno dei quali si appartiene all'altro che sorge sulla Piazza Papiniano.*[21]

La storia dei due obelischi dell'Iseo non si esaurì all'epoca di Meomartini, ma continuò nel tempo, rivelando clamorosi colpi di scena. In occasione dell'allestimento delle sculture dell'Iseo nella nuova sede del Museo, all'interno del complesso monumentale di Santa Sofia, Alfredo Zazo ricompose, nel 1929, l'obelisco con i tre frammenti a sua disposizione. Una fotografia scattata da Luigi Intorcia (foto 9), contenuta nell'opuscolo *Benevento*, di Zazo, del 1930,[22] attesta la creazione, nel braccio nord-est del Chiostro, di un ambiente destinato esclusivamente ai reperti *provenienti dall'Iseo costruito da Domiziano*, come recita l'iscrizione dipinta sul muro, leggibile solo in parte. Al centro dell'ambiente, fra una coppia di sfingi e una di leoni, dominava l'obelisco ricomposto.

Foto 10 - Obelisco del Museo del Sannio nella ricomposizione effettuata da Mario Rotili. La foto compare nel volume di Hans Wolfgang Müller, Il culto di Iside nell'antica Benevento …, del 1971 (tav. III).

In una pubblicazione del 1932, dedicata al Museo del Sannio, Salvatore De Lucia testimoniava quanto avvenuto a proposito degli obelischi: *Uno di questi è eretto in piazza Papiniano; il secondo giaceva, in tre grossi pezzi, anche nella Rocca dei Rettori, ed è stato recentemente composto ed innalzato nel centro di questa sala.*[23] Inutile sottolineare che la ricomposizione compiuta da Zazo, sollecitata dalla visita del re Vittorio Emanuele III a Benevento nel 1929, per l'inaugurazione del Monumento alla Vittoria, costituiva, senza ombra di dubbio, un'operazione arbitraria, perché il frammento De Simone, come già sostenuto da Meomartini, Erman e Marucchi, apparteneva all'obelisco di piazzetta Papiniano. Con il suo silenzio complice al riguardo, De Lucia finiva per avallare l'operato di Zazo.

Altro colpo di scena: Mario Rotili, successo nel 1959 a Zazo e primo direttore ufficiale del Museo del Sannio, procedendo

glio Provinciale dell'Economia di Benevento, Benevento senza data (dalla pubblicazione di SALVATORE BASILE, *Bibliografia di Alfredo Zazo*, Benevento 1983, p. 28, n. 99, si ricava l'anno 1930), p. 24.

[23] SALVATORE DE LUCIA, *Il Museo del Sannio*, Consiglio Provinciale dell'Economia Corporativa di Benevento, senza data (da un'altra pubblicazione di SALVATORE DE LUCIA, *La Biblioteca Capitolare di Benevento*, Benevento 1940, che riporta sulla copertina le opere dell'autore, si ricava l'anno 1932), p. 10.

*Foto 11 - Obelisco di piazzetta Papinia-
no nella ricomposizione effettuata da
Mario Rotili.*

a una vasta opera di ampliamento e riordinamento, ricompose, negli ultimi anni Sessanta, al centro di un piccolo cortile a
cielo aperto, sistemato a prato, l'obelisco del Museo, con due
frammenti soltanto: uno proveniente dall'obelisco di piazzetta
Papiniano e l'altro dall'archiepiscopio già al Museo (foto 10).

Ovviamente, Rotili dovette affrontare anche la ricomposizione dell'obelisco di piazzetta Papiniano, collocando il frammento De Simone alla sommità del monumento, lasciando i
due frammenti già a piazzetta Papiniano nella zona interme-

dia, e inserendo un frammento già al Museo nella zona inferiore (foto 11). A guidare il direttore furono lo studio e il grafico di Erman del 1896. Di questa operazione, finalmente corretta dal punto di vista filologico, non esiste, tuttavia, documentazione scritta ed è una circostanza davvero singolare, se non sorprendente, perché qualsiasi studioso avrebbe lasciato memoria.[24]

A movimentare, in senso letterale, la vita dell'obelisco del Museo, sono intervenuti, in tempi vicini ai nostri, altri fatti. Nel 1999, l'obelisco fu sistemato, con tutta la collezione egizia, in una nuova discutibile ala, in acciaio e cristallo, del Museo del Sannio, progettata da Ezio De Felice, dove il contenitore prevale pesantemente sul contenuto.[25] Nel 2013, obelisco e collezione egizia vennero trasportati dal Museo del Sannio al Museo Arcos, ubicato nel Palazzo della Prefettura e destinato fra l'altro all'arte contemporanea.[26] Sul pressappochismo di questo allestimento, intitolato *Iside la scandalosa e la magnifica. Viaggio nel mito tra reale e virtuale*, preoccupato più della multimedialità, declinata in versione videogioco, che dello stato di conservazione dei materiali esposti, basti pensare che l'obelisco fu agganciato al muro retrostante con una staffa di metallo, per evitare un suo possibile crollo.

Nel 2018, l'obelisco, restaurato da Erik Risser del Paul Getty Museum di Los Angeles, fece ritorno nell'ala De Felice del Museo del Sannio, collocato su una pedana antisismica, ma in completa solitudine, perché le sculture dell'Iseo sono rimaste al Museo Arcos.[27] Appaiono evidenti la mancanza di una precisa visione museografica, che si cela dietro questi passaggi, e l'incapacità di stabilire un proficuo dialogo culturale con i visitatori, destinati, nel mare perenne della provvisorietà, a restare increduli e spiazzati.

Torniamo a Meomartini e al suo interesse per l'Iseo. Tra i mesi di ottobre e dicembre 1903 avvenne la scoperta archeologica destinata ad arricchire, in misura notevole, le testimonianze materiali e le conoscenze relative al culto di Iside a Benevento. Raccontava lo studioso che dovendo aprirsi una porta, *per comodo dei cavalli*,[28] nella caserma dei carabinieri, posta dentro l'ex-convento di Sant'Agostino, non lontano dall'Arco di Traiano, fu abbattuto un tratto del muro di cinta urbano, lungo circa quattro metri, e vennero alla luce casualmente *resti di antichità: rocchi di colonne, capitelli corinti, basi attiche e ioniche*.[29] Questi resti non erano stati reimpiegati nell'alzato del muro di cinta, ma ammassati al disotto.

---

[24] Nessuna indicazione al riguardo si trova nei volumi di Mario Rotili, quali: *Il Museo del Sannio*, Amministrazione Provinciale di Benevento, Benevento 1963; *Il Museo del Sannio nell'Abbazia di Santa Sofia e nella Rocca dei Rettori di Benevento*, Istituto Poligrafico dello Stato, Roma 1967.

[25] In un editoriale, osservavo: *al visitatore viene assestato un pugno nello stomaco, tanto più difficile da sopportare perché improvviso e violento. Dalla suggestione degli antichi ambienti monastici si passa, infatti, alla sgradevole apparizione di strutture metalliche e di pannelli arancione, che accolgono il nucleo delle sculture egizie e neoegizie. L'allestimento risulta decisamente mortificante per le sculture antiche, completamente spaesate in uno spazio disarmonico. Torna alla mente una sequenza famosa di "Tempi moderni" (1936), quando Charlie Chaplin-Charlot, operaio di una grande industria, rimane temporaneamente intrappolato negli ingranaggi di una macchina. Iside, Horus, Toth, Api, Domiziano in veste di faraone, i sacerdoti con i canopi, le sfingi sono anche loro risucchiati senza scampo. Tutto questo in spregio a uno dei principi fondamentali della museologia, secondo cui il contenitore non deve prevalere sul contenuto* (MAURIZIO CIMINO, *Luci ed ombre del nuovo Museo*, in *Il Sannio Quotidiano*, 17 ottobre 1999, pp. 1, 9).

[26] Cfr. MARIA SARA PEDICINI, *In viaggio nel tempio di Iside*, in *Il Mattino*, 3 marzo 2013, p. 42.

[27] Cfr. ALESSANDRA GOGLIANO, *Ritorna a casa l'Obelisco di Iside*, in *Realtà Sannita*, 16-31 luglio 2018, pp. 1, 6.

[28] ALMERICO MEOMARTINI, *Benevento. 1. Scoperta archeologica in s. Agostino*, in *Notizie degli Scavi*, 1904, fascicolo 3, p. 107.

[29] Ibidem.

Meomartini ottenne dal Presidente della Deputazione Provinciale di estendere lo scavo, sotto la sua direzione, fino alla torre quadrata inserita nel muro di cinta urbano (foto 12 e 13). Riemerse, così, un nucleo consistente di sculture, non tutte pertinenti al culto di Iside. Fu cura dello studioso occuparsi della pubblicazione tempestiva dell'importante scoperta, resa possibile già l'anno dopo, nel 1904, in *Notizie degli scavi di antichità*.

Gli autori dei testi, corredati di fotografie, erano tre: a Meomartini spettava *Benevento. 1. Scoperta archeologica in s. Agostino*, in cui venivano descritti tutti i ritrovamenti effettuati; ad Orazio Marucchi, direttore del Museo Egizio del Vaticano, spettava *Benevento. 2. Nota sulle sculture di stile egizio scoperte in Benevento*, che non corrisponde completamente all'elenco stilato da Meomartini; a Luigi Savignoni, docente universitario di archeologia ed esperto di arte classica, spettava infine *Benevento. 3. Nota sulle sculture greco-romane scoperte a Benevento*.[30]

Per tutte le informazioni relative ai materiali, alle misure e alle descrizioni, rimandiamo i lettori allo studio di Meomartini

[30] ALMERICO MEOMARTINI, *Benevento. 1. Scoperta archeologica in s. Agostino*, OTTAVIO MARUCCHI, *Benevento. 2. Nota sulle sculture di stile egizio scoperte in Benevento*; LUIGI SAVIGNONI, *Benevento. 3. Nota sulle sculture greco-romane scoperte a Benevento*, in *Notizie degli Scavi*, 1904, fascicolo 3.
Dall'elenco di Marucchi risultano escluse le sculture citate da Meomartini come *"piccola statua di una donna addetta al culto di Iside"* e *"avanzo di statua piegata sul solo ginocchio destro"*. Queste sculture, tuttavia, sono presenti nella *Nota* stilata da Savignoni (p. 130, nn. 6-7). Marucci, inoltre, parla di un solo *Sparviero* invece di tre, di un solo *Apis* invece di due, di una sola *Sfinge* invece di due. Sui motivi che hanno determinato simili differenze tra i testi di Meomartini e di Marucchi, nella stessa pubblicazione, appare difficile pronunciarsi: Marucchi aveva a disposizione un elenco limitato oppure aveva operato una selezione?

44

Nella pagina precedente: Foto 12 - Luogo della scoperta in Sant'Agostino nel 1904. La foto compare nello studio di Almerico Meomartini, Benevento. 1. Scoperta archeologica in s. Agostino, del 1904 (p. 108).

In questa pagina: Foto 13 - Luogo della scoperta in Sant'Agostino oggi.

e, qui di seguito, ci limitiamo a citare l'elenco delle sculture riconducibili all'Iseo, esclusivamente in base al soggetto rappresentato, riservandoci di chiarire alcuni passaggi nel prosieguo della trattazione:

piccola statua di una donna addetta al culto di Iside;[31]

statua muliebre, pure di sacerdotessa, genuflessa;[32]

avanzo di statua piegata sul solo ginocchio destro;[33]

Due statue di sacerdoti egiziani ... Recano entrambe il canopo;[34]

Due statue del Dio Oro;[35]

Due cercopitechi seduti;[36]

Tre uccelli sparvieri;[37]

statuetta muliebre;[38]

Due statue di Apis;[39]

ara cilindrica;[40]

piccola nave;[41]

Due sfingi;[42]

Due leoni.[43]

Riportiamo, adesso, integralmente un brano di Meomartini, tratto dalla citata *Guida di Benevento e dintorni*, del 1910, dove l'autore elencava il materiale trasportato nel nascente Museo, dentro la Rocca dei Rettori. Si tratta di una pagina trascurata dagli studiosi (Müller, ad esempio, la ignora completamente) e utile, invece, per comprendere come, a distanza di sei anni dalla pubblicazione del 1904, venissero confermati alcuni titoli, modificati altri e apparissero persino dei titoli nuovi: *L'autore di*

---

[31] ALMERICO MEOMARTINI, *Benevento. 1. Scoperta archeologica in s. Agostino*, cit., p. 112.

[32] Ibidem.

[33] Ibidem.

[34] Ibidem.

[35] Ibidem.

[36] Ibidem.

[37] Ibidem.

[38] Ibidem.

[39] Ibidem.

[40] Idem, p. 113.

[41] Ibidem.

[42] Ibidem.

[43] Idem, p. 114.

Foto 14 - Fedele di Iside inginocchiata, prima metà del I secolo d.C., Benevento Museo Arcos. Nell'immagine a sinistra: il frammento pubblicato da Almerico Meomartini in Benevento. 1. Scoperta archeologica in s. Agostino, del 1904 (p. 116, fig. 10); nell'immagine a destra: i due frammenti pubblicati da Hans Wolfgang Müller in Il culto di Iside nell'antica Benevento, del 1971 (tav. XXXIV).

questa Guida ha fatto qui trasportare molti titoli epigrafici e avanzi di sculture; affinché con essi, con altro materiale raccolto nel Chiostro di S. M. delle Grazie, oltre che con quello sparso per la città, si possa col tempo costituire qua un grandioso Museo, allorché si potrà disporre di tutto il locale. Dinanzi e dentro di esso potrannosi osservare già molti titoli epigrafici e frammenti scultorii, tra i quali colonne milliarie, tre frammenti di obelischi, uno dei quali si appartiene all'altro che sorge sulla Piazza Papiniano, uno Scriba dei Faraoni di pura provenienza egizia, una statua di Vesta, due sacerdoti egizii del culto ad Iside, una gran testa di Giunone, un altro sacerdote egizio, una statua del Dio Oro, una barca del culto ad Iside, una statuetta di Iside, una Cista-mistica, di porfido rosso, alcuni uccelli sacri agli Egizii, un'altra statua del Dio Oro, due leoni di granito rosso, due sfingi dello stesso granito, un Dio Apis di granito bigio, due scimie dello stesso granito, una sacerdotessa egizia, una statua di Diana, una statua di Minerva, uno splendido torso, in basalto, di un Antinoo (?) e altri avanzi scultorii. Vi è pure il busto del celebre Cardinal Bartolomeo Pacca, quegli dall'Editto.[44]

I titoli modificati riguardano: la *piccola nave* del 1904, riconosciuta adesso come *una barca del culto ad Iside*; la *statuetta muliebre* del 1904, riconosciuta adesso come *una sacerdotessa egizia*. I titoli, invece, che risultano nuovi sono: *un altro sacerdote egizio*, che porta a tre il numero di statue raffiguranti sacerdoti, mentre nell'elenco del 1904 risultavano due; una *statuetta di Iside* che non trova confronto nell'elenco del 1904. Questi titoli nuovi pongono ovviamente dei seri interrogativi, relativamente alla loro identificazione, provenienza e data di scoperta.

---

[44] ALMERICO MEOMARTINI, *Guida di Benevento e dintorni*, cit., p. 35.

Foto 15 - Fedele di Iside inginocchiata, seconda metà del I secolo d. C., Benevento Museo Arcos. Nell'immagine a sinistra: il frammento pubblicato da Almerico Meomartini in Benevento. 1. Scoperta archeologica in s. Agostino, del 1904 (p. 117, fig.12); nell'immagine a destra: i due frammenti pubblicati da Hans Wolfgang Müller in Il culto di Iside nell'antica Benevento, del 1971 (tav. XXXIII).

Incrociando i dati e le fotografie delle pubblicazioni di Meomartini del 1904 e del 1910 con i dati e le fotografie della pubblicazione di Müller del 1969, emerge con tutta evidenza la maggiore precisione dell'egittologo tedesco, nel riconoscimento dei soggetti, derivante da una competenza specifica che lo studioso sannita non possedeva. In alcuni casi, risultano delle incongruenze vistose e difficili da spiegare, relative al numero di frammenti rinvenuti di una stessa statua, al luogo di rinvenimento o al numero di statue dello stesso soggetto.

Per le due figure indicate da Meomartini come *piccola statua di una donna addetta al culto di Iside* e *statua muliebre, pure di sacerdotessa*, e per la figura non identificata da Meomartini e descritta soltanto come *avanzo di statua piegata sul solo ginocchio destro*, Müller usava il titolo *Adoratrice di Iside inginocchiata*.[45]

Circa la *piccola statua di una donna addetta al culto di Iside*, vanno rilevate, tuttavia, alcune differenze fra i dati riportati dagli studiosi: mentre Meomartini faceva riferimento a un solo frammento, consistente in un busto alto m. 0,34, ed era seguito da Savignoni; Müller invece faceva riferimento a due frammenti: *Il torso era spezzato al mezzo ed è stato ricomposto poiché le superfici di frattura coincidevano perfettamente*[46] e indicava un'altezza totale di m. 0,56 (foto 14). Ancora più singolare appare la circostanza che Müller annotasse: *Trovata probabilmente nel 1903 sotto il muro longobardo settentrionale della città,*[47] quando appare evidente dal testo di Meomartini che la scultura fosse stata rinvenuta con certezza negli scavi di Sant'Agostino.

Problemi simili si pongono anche nel caso dell'*avanzo di statua piegata sul solo ginocchio destro*, perché Meomartini parlava di un solo frammento, alto m. 0,52, ed era seguito da Savignoni,

---

[45] HANS WOLFGANG MÜLLER, cit., p. 100, n. 290; p. 92, n. 285; p. 97, n. 287.

[46] Idem, p. 100, n. 290.

[47] Ibidem.

e Müller scriveva invece di due frammenti: *La figura è stata trovata spezzata in due parti in corrispondenza delle anche; entrambe le parti coincidono nella superfice di frattura,*[48] indicando un'altezza totale di m. 0,825 (foto 15).

Per le due statue di *sacerdoti egiziani*, reggenti il canopo (il vaso destinato a contenere l'acqua santa del Nilo), l'identificazione veniva confermata da Müller, che specificava *Sacerdote con il "Canopo" nelle mani velate.*[49] Delle due statue interpretate da Meomartini come *Dio Oro*, una veniva identificata da Müller come *Statua stante dell'Imperatore Domiziano in figura di faraone*[50] e l'altra come *Statua stante di un dio egizio con il segno della vita.*[51] In luogo delle due statue di *cercopitechi*, Müller distingueva, in base al loro stato di conservazione, una *Figura di cinocefalo accosciato, rappresentante il dio Thot (Hermes)* e una *Figura frammentaria di cinocefalo accosciato, rappresentante il dio Thot (Hermes).*[52]

Gli *sparvieri* erano da intendersi per Müller come *Falco rappresentante Horus, dio del cielo e divinità regale.*[53] Meomartini parlava, in proposito, di tre statue; Müller, invece, ne elencava quattro e asseriva che il falco frammentario fu *trovato probabilmente nel 1903 ... alla base del muro longobardo settentrionale della città* e risulta *non menzionato da A. Meomartini e O. Marucchi.*[54] In realtà, sembra più probabile che il suddetto falco frammentario non provenga dallo scavo di Sant'Agostino, come riconosciuto nella scheda di catalogo della mostra *Iside. Il mito il mistero la magia*, dove si legge: *Provenienza ignota (dall'Iseo di Benevento).*[55]

La *statuetta muliebre* descritta da Meomartini nel 1904, diventata *sacerdotessa egizia* nel 1910, cambiava sesso con Müller e veniva riconosciuta come *Sacerdote di Iside con abito lungo e frangiato*, reggente un sistro (strumento musicale).[56] Per le due statue di *Apis*, l'identificazione veniva confermata da Müller, che distingueva nei titoli, in base ai materiali, un *Toro Apis in marmo* e un *Toro Apis egiziano di pietra scura.*[57] Ci sembra interessante rilevare che per l'Apis in marmo bianco, Meomartini scrivesse di *due frammenti (solo il più grande nella fig. 21),*[58] a dimostrazione della sua cura, anche rispetto alle immagini che corredano il testo.

Per la *Cista mistica*, così titolata da Meomartini nel 1910, l'identificazione veniva confermata da Müller.[59] La *barca del culto ad Iside*, come veniva titolata da Meomartini nel 1910, si rivelava per Müller una rappresentazione di *Iside Pelagia su nave.*[60] Nel caso delle due sfingi, Müller precisava nei titoli la datazione, scrivendo di una *Sfinge della prima epoca tolemaica* e di

[48] Idem, p. 97, n. 287.

[49] Idem, p. 88, n. 284; p. 98, n. 288.

[50] Idem, p. 55, n. 260.

[51] Idem, p. 82, n. 281.

[52] Idem, p. 45, n. 252; p. 49, n. 256.

[53] Idem, p. 47, n. 253; p. 48, n. 254; p. 48, n. 255; p. 65, n. 269.

[54] Idem, p. 48, n. 254.

[55] *Testa e torso di statua di falco*, scheda, in *Iside. Il mito il mistero la magia*, catalogo della mostra, a cura di Ermanno A. Arslan, Milano Palazzo Reale, 22 febbraio - 1° giugno 1997, Electa, Milano 1997, p. 167.

[56] HANS WOLFGANG MÜLLER, cit., p. 94, n. 286.

[57] Idem, p. 66, n. 270; p. 80, n. 280.

[58] ALMERICO MEOMARTINI, *Benevento. 1. Scoperta archeologica in s. Agostino*, cit., p. 112.

[59] HANS WOLFGANG MÜLLER, cit., p. 98, n. 289.

[60] HANS WOLFGANG MÜLLER, cit., p. 77, n. 279.

una *Sfinge degli inizi del periodo tolemaico;*[61] per entrambi i leoni, Müller parlava di *Leone gradiente.*[62]

Occorre sottolineare il fatto che Meomartini, al di là di un riferimento generale al *tempio di Iside in Benevento, costruito o restaurato nell'ottavo anno del regno di Domiziano,*[63] non si pronunciava sulla datazione delle singole sculture. Lo stesso dicasi per Marucchi, che si limitava a notare, all'inizio del suo studio: *Questo gruppo di sculture appartiene a quello stile egizio di imitazione che fu di moda presso i Romani nei primi tempi dell'impero, allorquando il culto egiziano, sotto il nome di culto isiaco, si stabilì in Roma ed in molte altre città.*[64] Bisognava, quindi, attendere Müller, affinché le sculture dell'Iseo beneventano avessero anche un primo inquadramento cronologico, che permetteva di riconoscere le diverse fasi storiche del complesso cultuale.

La tempestività dimostrata da Meomartini nella pubblicazione della scoperta di Sant'Agostino si riscontra anche nel primo tentativo di esposizione dei reperti al pubblico. Abbiamo già detto, in precedenza, che le vicende delle scoperte egizie si intrecciarono da vicino con quelle del nascente Museo installato nel mastio della Rocca dei Rettori. Alcune fotografie contenute nella monografia *Benevento* del 1909, curata da Meomartini, documentano le sculture dell'Iseo sistemate nel salone ubicato al primo piano del mastio.

In realtà, si ammucchiavano, senza alcun criterio guida, elementi molto disparati, sia per tipologia che per provenienza, distanti fra loro anche dal punto di vista cronologico. I reperti dell'età classica, predominanti grazie anche alle scoperte di Sant'Agostino, venivano così a trovarsi insieme a capitelli, pulvini e altri frammenti medioevali, o ai busti del cardinale Bartolomeo Pacca e del papa Gregorio XVI, risalenti all'Ottocento.

Da una fotografia (foto 16),[65] che riprende un tratto della parete a sinistra del salone, si ricava che i due *Sacerdoti col canopo* e *Domiziano in figura di faraone* erano innalzati su capitelli e rocchi di colonne. *Domiziano*, in particolare, poggiava con le estremità inferiori spezzate su un rocchio di colonna e con le spalle obliquamente alla parete retrostante (come si evince dall'ombra proiettata), in uno stato di equilibrio decisamente instabile e rischioso per la sua conservazione. Era, con tutta evidenza, un assetto provvisorio, riconosciuto del resto dallo stesso Meomartini: *In questo castello sono stati raccolti (sebbene disordinatamente, per la scarsezza di mezzi) per opera del R. Ispettore degli scavi e monumenti, architetto Meomartini, molti avanzi epigrafici e*

[61] Idem, p. 68, n. 272; p. 75, n. 275.

[62] Idem, p. 70, n. 273; p. 74, n. 274.

[63] ALMERICO MEOMARTINI, *Benevento. 1. Scoperta archeologica in s. Agostino,* cit., p. 107.

[64] OTTAVIO MARUCCHI, *Benevento. 2. Nota sulle sculture di stile egizio scoperte in Benevento,* cit., p. 118.

[65] ALMERICO MEOMARTINI, *Benevento,* cit., p. 109.

Sopra: Foto 16 - Particolare dell'esposizione al primo piano della Rocca dei Rettori effettuata da Almerico Meomartini. La foto compare nel volume di Almerico Meomartini, Benevento, del 1909 (p. 110).

Nella pagina accanto: Foto 17 - Veduta generale dell'esposizione al primo piano della Rocca dei Rettori effettuata da Almerico Meomartini. La foto compare nel volume di Almerico Meomartini, Benevento, del 1909 (p. 109). In basso, ingrandimento con la statuetta di Caracalla.

scultorii, egizii, romani e medievali, che varranno a creare un vero museo, tostoché siano superate diverse difficoltà.[66]

Dall'analisi attenta di un'altra fotografia (foto 17)[67] si ricava un'importante informazione: sulla parete di fondo del salone, a sinistra, sono allineati un *Falco*, il *Sacerdote con sistro*, *Caracalla in figura di faraone*, la *Cista mystica*. La statuetta di *Caracalla* compare anche nella citata fotografia di Intorcia, che correda l'opuscolo di Zazo del 1930: precisamente, sul muro di fondo del Chiostro di Santa Sofia.

Il punto è che, a differenza delle altre sculture, *Caracalla* non compare nell'elenco dei rinvenimenti effettuati da Meomartini a Sant'Agostino. Müller, nel suo catalogo, identificava la statuetta come *Caracalla* e riportava: *Trovata nel 1936, murata nel campanile di S. Sofia (secondo notizia del prof. A. Zazo)*,[68] ma risulta evidente, dalle fotografie sopra citate, che la statuetta in questione nel 1909 era già nota. Bisogna, dunque, pensare a una scoperta successiva agli scavi di Sant'Agostino e da collocare tra il 1903 e il 1909, a meno che, e ci sembra più probabile, la statuetta non fosse già nota prima del 1903.

---

[66] Idem, p. 118.

[67] Idem, p. 110.

[68] HANS WOLFGANG MÜLLER, cit., p. 61.

Come rilevato in precedenza, Müller collegava al giardino De Simone un unico ritrovamento: la *Cuspide dell'Obelisco in Piazza Papiniano* e commetteva un errore, perché il frammento De Simone non consiste in una cuspide, ma trascurava anche un'informazione data da Meomartini nella pubblicazione del 1904: *Dalla casa De Simone furono donate le prime sculture egizie che conservansi nel Museo provinciale.*[69] Pur nella loro essenzialità, queste parole lasciano trasparire che, oltre al frammento di obelisco disseppellito nel giardino, la casa del marchese De Simone dovesse custodire altri reperti collegati ai culti egizi di Benevento, tra i quali, in via ipotetica, si potrebbe immaginare la statuetta di *Caracalla in figura di faraone*.

L'ubicazione dell'Iseo

Veniamo alla complessa questione dell'ubicazione dell'Iseo, di questa seducente porzione d'Egitto acclimatata a Benevento, che ha visto gli studiosi esercitarsi nella formulazione di ipotesi diverse, sulla base degli indizi disponibili, e ripercorriamo, in modo sintetico, gli snodi più importanti di una ricerca che si spinge nei recessi del passato.

---

[69] ALMERICO MEOMARTINI, *Benevento. 1. Scoperta archeologica in s. Agostino*, cit., p. 108, n. 1.

Nel citato fascicolo di *Notizie degli scavi di antichità* del 1904, evocando le circostanze della scoperta avvenuta a Sant'Agostino, Meomartini si attribuiva capacità divinatorie e dichiarava che il tempio si trovava nella stessa area di ritrovamento delle suppellettili: *Avvisato, accorsi sul posto, ove subito divinai trattarsi degli avanzi del tempio di Iside, da me sempre supposto in quei pressi, non ostante che non fossero venute ancora fuori le preziose sculture che descriverò tra poco, le quali riconfermarono completamente le mie previsioni.*[70] In realtà, come già abbiamo rilevato, ne *I monumenti e le opere d'arte della città di Benevento*, uscito nel 1895, aveva sostenuto l'oziosità delle ipotesi relative alla localizzazione dell'Iseo. La scoperta, intervenuta nel frattempo, lo spingeva, evidentemente, a sbilanciarsi.

Nello stesso fascicolo del 1904, Orazio Marucchi confermava l'opinione di Meomartini circa la presenza del tempio nei dintorni del convento di Sant'Agostino: *Siccome alcune di queste sculture presentano evidenti tracce di mutilazioni intenzionali ed esse furono rinvenute tutte insieme adoperate come materiale da costruzione dentro le mura della città, così è assai verosimile l'opinione del ch. ing. Meomartini, che il tempio di Iside in Benevento fosse nei dintorni del convento di S. Agostino e che le descritte sculture fossero spezzate in epoca tarda quando si ricostruirono le mura e che ciò si facesse per cancellare le tracce del culto idolatrico.*[71]

Per lungo tempo, gli storici locali hanno ripreso l'ipotesi sostenuta da Meomartini, sottolineando in modo particolare il rapporto con l'Arco di Traiano. Mario Rotili, ne *L'arte nel Sannio*, del 1952, affermava che del Tempio d'Iside *rimane qualche frammento murario a nord est dell'Arco di Traiano, tra la via del Pomerio e la caserma S. Agostino.*[72]

Alfredo Zazo, ne *La storia di Benevento narrata al popolo*, del 1953, osservava: *A breve distanza dall'insigne monumento (l'Arco di Traiano) verso il Pomerio – dove ancora affiorano vestigia di muraglie romane – e sull'area dell'attuale chiesa di S. Agostino, ora caserma dei Carabinieri, è da ritenersi sia sorto sul cadere del I secolo, il tempio dedicato alla Gran Madre e al dio Serapide.*[73]

All'interno della pubblicazione *Benevento cerniera di sviluppo interregionale. Una politica urbanistica per il Sannio*, curata da Francesco Romano nel 1968, sia Domenico Petroccia, con la ricerca *Evoluzione storica dell'urbanistica beneventana*,[74] sia Elio Galasso, con la ricerca *Il tempio di Iside e il Sacrum Palatium. Problemi di Urbanistica Beneventana*,[75] asserivano che il tempio di Iside, dovesse sorgere nel complesso che faceva capo all'Arco di Traiano.

---

[70] Idem, p. 112.

[71] OTTAVIO MARUCCHI, cit., p. 127.

[72] MARIO ROTILI, *L'Arte nel Sannio*, Ente Provinciale per il Turismo Benevento, Le Forche Caudine, Benevento 1952, pp. 35-36.

[73] ALFREDO ZAZO, *La storia di Benevento narrata al popolo*, Benevento 1953, p. 69.

[74] DOMENICO PETROCCIA, *Evoluzione storica dell'urbanistica beneventana*, in *Benevento cerniera di sviluppo interregionale, una politica urbanistica per il Sannio*, a cura di Francesco Romano, Filo Rosso, Benevento 1968, p. 120.

[75] ELIO GALASSO, *Il tempio di Iside e il Sacrum Palatium. Problemi di urbanistica beneventana*, in *Benevento cerniera di sviluppo interregionale. Una politica urbanistica per il Sannio*, cit., pp. 144-150.

La localizzazione dell'Iseo nell'area del complesso di Sant'Agostino fu messa profondamente in discussione dalla citata ricerca di Hans Wolfgang Müller del 1969. Secondo l'egittologo tedesco: *dal carattere diverso delle sculture da assegnare a culti egizi, si può dedurre che in Benevento esistevano tre culti diversi e probabilmente indipendenti e insediati in proprie celle o edifici, ossia:*

1) *Il santuario più antico, di stile puramente ellenistico-romano, di Iside Pelagia, protettrice della navigazione, della quale si è conservata la statua … di marmo pario. Al culto di questa dea sono da assegnare probabilmente anche il toro Apis di marmo … e le sculture marmoree delle oranti inginocchiate … Il santuario esisteva probabilmente già nel I secolo a. C.*

2) *Il santuario di Iside che due obelischi testimoniano costruito nell'anno ottavo dell'imperatore Domiziano (88-89 d.C.) coll'arredamento di statue di puro stile egiziano.*

3) *Il santuario di Osiride-Canopo e di Iside, testimoniato dalle statue di sacerdoti …, installato probabilmente nel Canopo, menzionato nell'iscrizione di Eudrasto che forse era un edificio a sé.*[76]

Riguardo l'opinione espressa da Meomartini, Müller elencava una serie di obiezioni: insieme alle sculture egizie, nello scavo di Sant'Agostino del 1903, era presente un gran numero di sculture antiche non pertinenti al culto isiaco; lo scavo si trova lontano dal supposto limite orientale della città antica del I secolo d.C.; tutte le sculture rinvenute dimostrano che vi furono trascinate, in quanto blocchi grandi e compatti, in vista di un frettoloso restauro delle mura della città (le statue hanno teste, arti e base spezzati e pezzi più piccoli non sono presenti).[77]

Per la localizzazione dei templi beneventani dedicati ai culti egizi, Müller proponeva, in sostanza, due ipotesi. Il tempio più antico intitolato a Iside Pelagia potrebbe, a suo avviso, essere sorto nello stesso luogo dove successivamente sarebbe stato innalzato il tempio risalente all'età di Domiziano: l'area comprendente la Cattedrale e l'annesso Palazzo arcivescovile.[78] Il santuario di Osiride-Canopo, menzionato nell'iscrizione (andata perduta) dedicata dal collegio dei *Martenses Infraforani* a C. Umbrio Eudrasto, potrebbe invece essere sorto nell'area del Teatro romano.[79]

All'indomani della pubblicazione di Müller, le ipotesi formulate sia sul numero dei templi che sulla loro eventuale localizzazione continuarono. Nello studio *Il Museo del Sannio di Benevento*, del 1974, Galasso mostrava di accogliere pienamente l'ipotesi di Müller, circa il tempio di Domiziano: *Iside ebbe il suo*

---

[76] HANS WOLFGANG MÜLLER, cit., p. 30.

[77] Idem, p. 31

[78] Idem, pp. 31-33.

[79] Idem, p. 33.

santuario là dove sorse poi la primitiva cattedrale beneventana, dedicata alla Vergine in una sorprendente successione di culto già altrove riscontrata.[80]

Curiosamente, invece, nella *Relazione preliminare ai piani particolareggiati di Benevento: centro storico, rione Ferrovia, rione Libertà. Indagine storico-urbanistica*, del 1979, Bruno Zevi e Sara Rossi citavano la vecchia ipotesi di Galasso sull'ubicazione del tempio di Domiziano nei pressi dell'Arco di Traiano: *Il Tempio di Iside sorgeva probabilmente nella zona orientale verso la collina, là dove la città andò espandendosi, in epoca traiana, con la formazione del nuovo quartiere Regio Viae Novae. Qui fu costruito, tra il 114 e il 117 d.C., l'Arco di Traiano che, originariamente non era isolato, ma faceva parte di un complesso di monumenti di cui rimangono, oltre allo stesso Arco, le statue acefale di Traiano e di Plotina, conservate nel Museo del Sannio. Sul piazzale che si apriva tra l'Arco (caput della via Traiana) e la porta urbica è probabile, secondo quanto afferma E. Galasso, che affacciasse il Tempio di Iside (dea propiziatrice dei viaggi) eretto nell'88 d.C. da Domiziano. Il Tempio, distrutto intorno al V-VI secolo d.C., dovette diventare in seguito una cava di pietre e di marmi da utilizzare nelle nuove costruzioni della città. Tale ipotesi spiega il rinvenimento di sculture egizie e di due obelischi nei pressi del Foro, rinvenimento che, insieme all'impiego di un leone isiaco nel campanile del Duomo, ha fatto supporre al Müller l'ubicazione del tempio in questa zona.*[81] La localizzazione del Tempio di Iside, vicino l'Arco di Traiano, trovava espressione grafica nella tavola 8 della *Relazione*, intitolata *Ipotesi strutturale e funzionale della città romana.*

Domenico Petroccia, nelle *Cause socio-economiche dello sviluppo urbano di Benevento*, del 1981, indicava, a proposito del Tempio di Domiziano, un possibile confronto con il contesto topografico pompeiano: *È molto più probabile che il Tempio d'Iside sorgesse nelle vicinanze del Teatro a ridosso di Piazza Pacca, come del resto si nota a Pompei, dove il tempio ed il teatro grande formano quasi un solo complesso.*[82]

Per il santuario di Osiride-Canopo, lo stesso studioso rilevava che Benevento, durante l'età imperiale, superò il limite orientale della vecchia città repubblicana, arrivando a toccare la zona corrispondente a Piano di Corte. Poiché i reperti riferiti al santuario furono rinvenuti nella nuova regione romana presso la Chiesa di Sant'Agostino, non c'è motivo di escludere tale sito. Inoltre l'epigrafe di Eudrasto si trovava fuori del giardino di Palazzo Terragnoli, non lontano dalla zona di scoperta dei reperti.[83]

---

[80] ELIO GALASSO, *Il Museo del Sannio di Benevento*, in AA.VV., *Musei degli enti locali della Campania*, Società Editrice Napoletana, Napoli 1974, p. 77.

[81] BRUNO ZEVI, SARA ROSSI, *Relazione preliminare ai piani particolareggiati di Benevento: centro storico, rione Ferrovia, rione Libertà. Indagine storico-urbanistica*, ESA, Roma 1979, p. 17.

[82] DOMENICO PETROCCIA, *Cause socio-economiche dello sviluppo urbano di Benevento*, in *Benevento tra mito e realtà. Storia economia e urbanistica di una città del mezzogiorno*, a cura di Francesco Romano, Filo Rosso, Benevento 1981, p. 135.

[83] Ibidem.

Nella relazione *Problemi di topografia di Benevento*, svolta in occasione del *I° Convegno su Longobardia e Longobardi nell'Italia meridionale*, presso il Museo del Sannio, il 13-15 dicembre 1985, Werner Johannowsky, Soprintendente archeologico per le province di Salerno, Avellino, Benevento, dal 1976 al 1986, ritornò all'ipotesi formulata da Meomartini, affermando che nell'area di Sant'Agostino doveva esserci con ogni probabilità l'Iseo, in quanto vi fu trovato il più grosso nucleo di sculture egizie.

Marcello Rotili, nella mostra *Benevento altomedioevale: architettura, scultura, urbanistica*, allestita per lo stesso convegno del 1985, collocò il tempio di Iside Pelagia in piazza Cardinal Pacca, il tempio dell'età di Domiziano nell'area della Cattedrale e il tempio di Osiride-Canopo nei pressi del Teatro romano.

In misura approfondita, lo stesso studioso ritornò sulla questione in *Benevento romana e longobarda. L'immagine urbana*, del 1986, sostenendo, a proposito del tempio risalente all'età di Domiziano: *Che esso fosse nella stessa zona del Foro appare certo, e ciò del resto è sicuro, come si vedrà, anche per un altro analogo edificio dedicato a Iside Pelagia 'protettrice della navigazione', posto che esso sia stato effettivamente una costruzione del tutto diversa da quella di epoca domizianea.*[84]

Circa il tempio di Iside Pelagia scriveva: *Se, come si può pensare, il santuario fu diverso da quello eretto da Domiziano, non sembra improbabile che sia stato ubicato nei pressi dell'attuale piazza Cardinal Pacca, cioè nell'area stessa del Foro.*[85] Per il tempio di Osiride-Canopo, infine, menzionato nell'iscrizione di Eudrasto, osservava: *Esso era evidentemente presso la sede del collegio, vale a dire vicino al Teatro.*[86]

Nel 1997 Rosanna Pirelli, autrice del saggio *L'Iseo di Benevento*, inserito nel catalogo della grande mostra *Iside. Il mito il mistero la magia*, svoltasi nel Palazzo Reale di Milano, in collaborazione con numerosi musei italiani e stranieri, tra i quali il Museo del Sannio, mise in discussione il pensiero di Müller, relativamente all'esistenza di più templi dedicati alle divinità egizie, e propose l'esistenza di un unico tempio, dove trovavano posto tutte le divinità legate a Iside: *In alternativa alla tesi di Müller, si potrebbe ipotizzare che il materiale egizio sia appartenuto a fasi successive di uno stesso tempio. La presenza di sculture ellenistiche e sculture egizie non implica necessariamente l'esistenza di più santuari stilisticamente differenti.*[87] Sostenne, inoltre, che il Tempio di Iside potesse ubicarsi, analogamente al complesso cultuale egizio presente a Pompei e risalente ugualmente al I secolo d.C., nei pressi del Teatro.

[84] MARCELLO ROTILI, *Benevento romana e longobarda. L'immagine urbana*, Banca Sannitica, 1986, p. 43.

[85] Idem, p. 45.

[86] Idem, p. 49.

[87] ROSANNA PIRELLI, *L'Iseo di Benevento*, in *Iside. Il mito il mistero la magia*, cit., p. 378.

Marina R. Torelli, con il saggio *Benevento romana* del 2002, lasciava sospesa sia la questione della ubicazione, sia la questione dell'esistenza di più templi: *Non sappiamo esattamente dove tale tempio fosse ubicato, né se l'intervento di età domizianea abbia comportato la costruzione di un nuovo tempio o non si sia trattato piuttosto di un ampliamento, o restauro, di un santuario già esistente. A giudicare però dal precoce affermarsi del culto di Iside in varie località della Campania, quali Puteoli, Pompei, etc., già a partire dal II secolo a. C. bisogna ritenere che anche a Benevento , punto di incrocio obbligato sulla Via Latina e sull'Appia, la diffusione di tale culto egizio sia avvenuta in epoca ben anteriore all'età flavia.*[88]

Nel citato convegno *Il tempio di Iside a Benevento. Modelli a confronto e nuovi studi sulla collezione isiaca del Museo del Sannio*, svoltosi al Museo del Sannio nel 2005, Luigina Tomay, della Soprintendenza ai Beni Archeologici, parlò della possibile collocazione dell'Iseo nell'area occidentale della città, compresa tra la zona di Cellarulo e la basilica della Madonna delle Grazie, vicino alla confluenza dei fiumi Sabato e Calore.

Mario Pagano, Soprintendente archeologo di Benevento e Caserta, nella relazione svolta al convegno *Antiqua Beneventana*, il 12 ottobre 2009, presso Palazzo Paolo V a Benevento, pubblicata nel 2013, distinse due luoghi collegati al culto delle divinità egizie. Per l'ubicazione del santuario più antico, propose l'area di Piano di Corte, evidenziando, fra l'altro, la presenza di un bassorilievo raffigurante una *Sfinge* nella vicina via Bartolomeo Camerario: *Sono documentate due dediche a 'Anicus Aschenus Bassus', proconsole della Campania nel 379-80 d.C., l'una rinvenuta nell'area del foro, l'altra durante la costruzione della chiesa di S. Nicola del collegio degli Scolopi in via Bartolomeo Camerario presso Piano di Corte, dedicata dalla 'regio Esquilina', che è probabilmente da localizzare in quell'area. Da questo dato acquista nuova consistenza l'ipotesi che in questo sito eminente al margine della città, non lontano dalle mura, sia da localizzare uno dei santuari delle divinità egizie della città, come testimoniano le numerose sculture e un bellissimo rilievo neoattico con sfinge sistemata alla base della facciata dello stesso Collegio, e verosimilmente rinvenuto durante i lavori di costruzione dello stesso, molto probabilmente il sostegno di una mensa del santuario.*[89]

Per l'ubicazione del santuario risalente all'età di Domiziano, Pagano propose l'area prospiciente la Cattedrale, adducendo pure la scoperta di una *Sfinge* in una cantina: *Assicurata la localizzazione del foro a valle dell'abside della Cattedrale, fra l'Arco del Sacramento e il teatro, ne viene rafforzata l'ubicazione del grande*

---

[88] MARINA R. TORELLI, *Benevento romana*, L'Erma di Bretschneider, Roma 2002, p. 189.

[89] MARIO PAGANO, *Qualche osservazione sull'urbanistica di Benevento*, in *ANTIQUA BENEVENTANA. La storia della città romana attraverso la documentazione epigrafica*, a cura di Paola Caruso, La Provincia Sannita, 2013, pp. 71-72.

santuario eretto da Domiziano in onore delle divinità egizie nell'area sita innanzi alla Cattedrale, lungo il decumano superiore. Il nuovo ritrovamento di una sfinge in granito riutilizzata proprio in una cantina nell'area antistante la facciata della Cattedrale rafforza ulteriormente, aggiungendosi ai precedenti ritrovamenti e alla giacitura originaria degli obelischi, questa ipotesi.[90]

Più di recente, nello studio *Il rapporto dell'Arco con la topografia urbana* del 2023, Francesco Morante ha ipotizzato che un ampliamento delle mura difensive di Benevento nell'area orientale, avvenuto dopo il rovinoso terremoto del 346 d.C. o in tempi di poco posteriori, sia stato dettato dalla presenza dell'Iseo domizianeo nell'area di Piano di Corte: *La sua posizione topografica sopraelevata lo doveva far apparire quasi a forma di acropoli. Inoltre, anche le sopravvivenze di segni urbani di superficie, fanno coincidere il disegno dell'area con quello di un iseo, in particolare la forma allungata di piazza Piano di Corte.*[91] Ci sarebbe, dunque, una continuità tra l'area del santuario egizio e quella del *Sacrum Palatium* dei Longobardi.

Dopo aver esposto l'ampio ventaglio di ipotesi sull'ubicazione dell'Iseo, ci asteniamo dal formulare ulteriori ipotesi e riteniamo utile, piuttosto, tornare a considerare l'opinione avanzata a suo tempo da Meomartini, come già fatto del resto da studiosi come Johannowsky. È vero che la provenienza delle sculture legate ai culti egizi riguarda molti punti del centro storico di Benevento, ma non si può neanche sottovalutare la circostanza che il rinvenimento più cospicuo, dal punto di vista numerico, sia quello avvenuto nel complesso di Sant'Agostino nel 1903. Altri luoghi di scoperta di reperti egizi, a partire, in primo luogo, da quel giardino del marchese De Simone, collocato ugualmente a ridosso di un tratto della cinta urbana ed indagato dallo stesso Meomartini nel 1892, ma anche Piano di Corte e il complesso di Santa Sofia si trovano a breve distanza da Sant'Agostino.

Un ulteriore importante tassello, come vedremo anche nelle pagine che seguono, ci sembra il reimpiego di numerosi fusti di colonne di granito, facenti parte probabilmente dell'architettura del santuario isiaco, in alcune costruzioni dell'area orientale della città, come le chiese del Salvatore e di Santa Sofia, risalenti all'età longobarda. Il numero, le dimensioni e il peso di questi fusti sono tali da far pensare che l'impegnativo trasporto possa essere avvenuto in luoghi prossimi al contesto originario di provenienza. Secondo la nostra opinione, il reimpiego,

---

[90] Idem, p. 70.

[91] FRANCESCO MORANTE, *Il rapporto dell'Arco con la topografia urbana*, in *Sannio Incontri 2022. Annuario dell'Archeoclub di Benevento*, 2023, p. 15.

oltre che dettato da motivi pragmatici, utilitaristici, era legato, in questi casi, anche a considerazioni di natura estetica o ideologica, derivanti dalla consapevolezza del valore dell'Antico e dalla volontà di perpetuarne in qualche modo la grandezza. Ogni elemento riciclato era *pars pro toto*, condensava l'Antico.

Non si può, infine, trascurare quello che poteva essere il contesto topografico originario dell'Iseo, posto, come il vicino Arco di Traiano, a dominare scenograficamente dall'alto l'andamento del fiume Calore, evocatore, attraverso un gioco di riverberi, delle sacre e benefiche acque del Nilo in terra d'Egitto. Questo rapporto armonico tra l'architettura e il paesaggio fluviale, tra l'opera dell'uomo e l'opera della natura, oggi non appare più leggibile, compromesso in misura irreparabile dalla urbanizzazione selvaggia che, a partire dalla metà del secolo scorso, ha invaso e continua ancora imperterrita ad invadere la zona, senza alcun rispetto dei valori ambientali. Basta percorrere il tratto del viale dei rettori, più vicino all'Arco di Traiano, o indugiare tra il complesso di Sant'Ilario e il lungofiume, per rendersene tristemente conto.

La distruzione dell'Iseo

Affrontiamo, infine, la questione della distruzione dell'Iseo di Benevento, poco indagata, a nostro avviso, dagli studiosi e degna, invece, di grande attenzione, perché si collega al drammatico, epocale passaggio dalle antiche religioni politeiste, ammantate di splendori, alla nuova religione cristiana, basata sull'idea di un dio unico.

Secondo Meomartini, cui va riconosciuto il merito di aver elaborato, secondo le conoscenze circolanti al suo tempo, un primo approccio al tema, il Tempio sarebbe stato distrutto dai Longobardi di Benevento, convertiti al cristianesimo nel 663 dal vescovo San Barbato e ansiosi di eliminare ogni traccia dell'idolatria pagana: *È a sapersi, dunque, che Costante, imperatore dei Greci, si portò nell'anno 663 ad assediare Benevento. La quale fu di molto allora rafforzata nelle sue mura. Dovette allora accadere che s. Barbato, in quel trambusto e in momenti sì gravi, abbia acceso il fervore dei Longobardi per la distruzione di tutto quanto si riferiva al paganesimo, e massime al culto di Iside. Le mura che più dovevansi rafforzare eran quelle presso alla corte del Duca. Ed ecco spiegata la costruzione affrettata del muro … sopra una platea generale improvvisata. Poiché non si aveva tempo da perdere, non si fecero fondamenta. Invece, cavata appena una poco profonda trincea, vi fu seppellita, per platea generale del muro a costruirsi in fretta, tutta la suppellettile del tempio di Iside che colà presso trovavasi, e senza alcuna malta, solo ricoprendola alquanto di terra.*[92]

Il pensiero di Meomartini presupponeva che il muro di cinta della città, dove è avvenuta la scoperta archeologica del 1903, risalisse alla dominazione longobarda. E si tratta di un pensiero che non appare suffragato dai dati di scavo, tipici dell'attuale metodo stratigrafico, ma ignoti all'inizio del Novecento, che avrebbero potuto dirimere la questione, quanto piuttosto da considerazioni di carattere storico generale.

Marcello Rotili, nello studio *Benevento tardo antica ed alto medievale: dati della ricerca archeologica*, pubblicato nel 2023, esclude che la perimetrazione urbana sia di età longobarda e indica, in alternativa, una datazione al IV secolo, in età tardo-imperiale romana. Più esattamente, la cinta difensiva sarebbe stata realizzata, secondo Rotili, dopo il terremoto del 346, che colpì diverse città della Campania, e rientrerebbe nel programma di lavori di cui parla Quinto Aurelio Simmaco nelle due epistole che inviava al padre da Benevento, risalenti all'autunno del 375: *l'intera vicenda urbanistica, fino all'Unità d'Italia, si sarebbe poi svolta entro la cinta difensiva del IV secolo che configurò Benevento come 'città forte', conferendole quella consistenza difensiva per la quale sarebbe stata scelta come centro del ducato istituito dai Longobardi … La nuova cinta difensiva realizzata con blocchi di calcare squadrati e levigati, con laterizi di vario tipo, con tegole e conci lapidei di spoglio, venne rafforzata da torri pentagonali entro il V, prima o dopo l'attacco dei Visigoti del 410. La datazione al IV diverge sensibilmente da quanto proposto da chi ha attribuito la realizzazione all'iniziativa di Narsete (al termine della guerra greco-gotica) o a quella dei Longobardi che, dopo il loro insediamento nel 552, propiziato dallo stesso Narsete, avrebbero ricostruito le mura distrutte da Totila dieci anni prima, durante il conflitto greco-bizantino. Più ragionevole pensare, al contrario, ad una demolizione parziale della murazione tardo antica, con apertura di varchi e abbattimenti di torri e porte, per cui i Longobardi si sarebbero trovati nella condizione di dover soltanto restaurare un impianto difensivo già configurato nel suo insieme.*[93]

Rotili ha confermato le sue idee sul tema, nell'intervento *Il contributo di Almerico Meomartini alla conoscenza di Benevento*, svolto in occasione del convegno *Almerico Meomartini a cent'anni dalla morte*, tenutosi il 28 settembre 2023 nel Palazzo Comunale di Reino (paese natale di Meomartini). Se il muro di cin-

---

[92] ALMERICO MEOMARTINI, *Benevento. 1. Scoperta archeologica in s. Agostino*, cit., pp. 115-116.

[93] MARCELLO ROTILI, *Benevento tardo antica ed altomedievale: dati della ricerca archeologica*, in *Città di fondazione e (ri)fondazioni di città fra antichità, medioevo ed età moderna*, a cura di Nicola Brusino, Domenico Proietti, Aracne, Roma 2023, p. 95.

ta non è di età longobarda, ne discenderebbe, come naturale conseguenza, che i materiali rinvenuti da Meomartini nel 1903 sarebbero stati depositati nel IV secolo.

Irene Bragantini, ne *Le sculture dell'Iseo di Benevento*, del 2007, dopo aver fornito, a proposito delle sculture danneggiate, una *spiegazione in chiave di fanatismo religioso*,[94] propendeva per una distruzione dell'Iseo alla fine del IV secolo, collegata ad episodi analoghi di distruzione dei templi pagani: *Se questa interpretazione è corretta, ne conseguono altre due notazioni utili per ricostruire la storia dell'Iseo di Benevento: una prima osservazione, valida anche se riteniamo che le statue siano state spezzate solo per rendere più agevole il riuso, è quella che il contesto di provenienza non doveva essere troppo lontano dal luogo del ritrovamento, tanto che molte sculture si sono potute ricomporre dai loro frammenti. Se poi riteniamo che esse possano essere state effettivamente spezzate in conseguenza di manifestazioni di fanatismo religioso, questo significa che il tempio deve essere arrivato con i suoi materiali ancora 'allestiti' e quindi 'funzionante' all'epoca della distruzione dei templi pagani, alla fine del IV secolo.*[95]

Per un possibile riepilogo dei fatti, avvertiamo, da parte nostra, la necessità di comprendere bene il concetto di distruzione dei templi pagani, procedendo a un distinguo tra idoli e architetture. Prima, però, partiamo dalle dinamiche del contesto storico.[96] La dissoluzione dell'Impero romano d'Occidente, nel corso del IV secolo, vide, come è noto, un progressivo consolidamento della nuova religione cristiana, cui corrispose un progressivo affievolimento delle antiche religioni politeiste egizia, greca e romana, fino a quel momento predominanti tra i popoli del Mediterraneo.

Dal punto di vista giuridico, risulta quanto mai significativo il passaggio dall'Editto di Milano, emanato nel 313 dagli imperatori Costantino e Licinio, che rese il cristianesimo una *religio licita* e stabilì la fine delle persecuzioni dei fedeli della nuova religione, all'Editto di Tessalonica, emanato nel 380 dagli imperatori Graziano, Valentiniano II e Teodosio I, che giunse a proclamare il cristianesimo unica *religio licita*, ufficiale, ammessa dentro i territori dell'impero, proibendo di fatto l'eresia ariana e le religioni pagane. I cristiani che, all'inizio del IV secolo, all'epoca di Costantino, costituivano, secondo le stime, il 10% circa della popolazione, alla fine dello stesso secolo, erano saliti al 90% circa: la situazione, rispetto ai pagani, si era ormai completamente ribaltata.

---

[94] IRENE BRAGANTINI, *Le sculture dell'Iseo di Benevento*, in AA.VV., *Il culto di Iside a Benevento*, Electa, Milano 2007, p. 25.

[95] Idem, pp. 25-26.

[96] Sull'argomento cfr. FRANCO CARDINI, *Cristiani perseguitati e persecutori*, Salerno, Roma 2011.

La Chiesa stava gettando le fondamenta di un imponente edificio, basato sul potere terreno, destinato a rinsaldarsi ulteriormente nel corso dei secoli a venire. Grazie al favore imperiale, i cristiani da perseguitati, in nome della Croce, si andarono trasformando in persecutori, in nome della stessa Croce. Una furia devastatrice iniziò ad abbattersi sulle statue di culto degli idoli pagani, che furono fuse, se di bronzo, decapitate e ridotte in frammenti, se di pietra, spogliate dei gioielli, ad opera di fanatici, convinti di agire, in nome del loro unico Dio, contro i demoni che *abitavano* i simulacri di culto. Per accelerare la diffusione del cristianesimo, occorreva in ogni modo esorcizzare, liberare le statue dalle presenze diaboliche.

I *Vangeli Apocrifi* riferiscono dei falsi idoli che cadono a terra, distrutti dall'unico vero Dio dei cristiani, allorché la Sacra Famiglia, costretta a lasciare la Palestina, trova rifugia in terra d'Egitto. Riportiamo il racconto presente nel *Vangelo arabo dell'infanzia*, un testo databile tra X e XII secolo, che deriva tuttavia da fonti più antiche: *Or quando la Santa Maria e Giuseppe giunsero in quel villaggio e furono scesi in quella locanda, la popolazione del paese fu presa da grande terrore. Tutti i capi e i sacerdoti di idoli si riunirono ai piedi del loro idolo e gli domandarono: "Che cosa sono il tremore e la scossa che hanno percorso il nostro paese?". L'idolo rispose loro: "Un Dio nascosto è presente tra noi; egli è il Dio vero e non ce n'è altri se non al suo servizio, perché egli è veramente il Figliuol di Dio. Alla notizia del suo avvicinarsi, la terra si è commossa, e quando è disceso qui, tremò e fu scossa. Temiamo grandemente la violenza del suo attacco". Nello stesso istante l'idolo precipitò a terra, e la sua caduta fece accorrere tutto il popolo d'Egitto e dei paesi vicini.*[97]

Il racconto sopra citato si collega a una profezia di Isaia: *Ecco il Signore è seduto su di una nube leggera ed andrà in Egitto, e gli idoli egiziani, costruiti dalla mano dell'uomo, in sua presenza si scuoteranno e cadranno a terra* (19, 1). Dio stesso interviene per far cadere gli idoli, e non solo in senso metaforico, indicando così la strada da percorrere ai suoi seguaci.

Non solo la cultura visiva egizia, ma anche quella greco-romana era così ricca di rappresentazioni plastiche del divino, da costituire un grande problema per i cristiani. Negli *Atti degli Apostoli* leggiamo il seguente passaggio: *Mentre Paolo aspettava Sila e Timòteo ad Atene, fremeva dentro di sé nel vedere quella città piena di idoli* (17, 16). Era sufficiente la vista delle statue a provocare inquietudine, se non addirittura paura. Nella *Prima let-*

[97] *Evangelo arabo dell'infanzia*, in *Gli Evangeli Apocrifi*, testi scelti e tradotti da F. Amiot, introduzione di Daniel Rops, presentazione di Mons. Enrico Galbiati, Massimo, Milano 1979, p. 81.

tera ai Corinzi, Paolo affermava che servire gli idoli equivaleva a servire ai demòni: *Che cosa dunque intendo dire? Che la carne sacrificata agli idoli vale qualcosa? O che un idolo vale qualcosa? No, ma dico che quei sacrifici sono offerti ai demòni e non a Dio. Ora, io non voglio che voi entriate in comunione con i demòni* (10, 19-20).

La caduta e la distruzione degli idoli compaiono molte volte nelle agiografie dei santi, secondo un *topos* che si ritrova, lungo i secoli, anche nelle rappresentazioni pittoriche. Citiamo, ad esempio, un episodio relativo all'attività missionaria in Oriente dell'apostolo San Bartolomeo, riportato nella *Legenda aurea di Iacopo da Varazze*: *Allora gli astanti gettarono delle corde per tirar giù l'idolo, ma non riuscirono. L'apostolo invece comandò al demonio di uscirsene e ridurlo in frantumi. Il demonio uscì e distrusse anche tutti gli altri idoli del tempio.*[98] Un polittico di scuola marchigiana, datato tra il 1401 e il 1410, nella Galleria Nazionale delle Marche ad Urbino, mostra in un pannello l'episodio in questione, con la *silhouette* nera del diavolo che si allontana dall'idolo.

Le distruzioni delle architetture dei templi pagani, operate dai cristiani, furono in qualche misura frenate dai provvedimenti legislativi emanati dagli imperatori del IV secolo. Provvedimenti, fra l'altro, numerosi, che attestano quanto cocente fosse il problema. Sintetizzava, al riguardo, la storica Lidia Storoni Mazzolani, nell'articolo *Il sacco (cristiano) di Roma*, del 1997: *nel 341 Costanzo vieta i sacrifici ma ordina che siano rispettati i templi: che restino chiusi ma intatti. Nel 349, insieme a Giuliano, condanna a una multa di una libbra d'oro chi asporta marmi da monumenti e tombe per macinarli, qui dunque si trattava solo di scopi utilitaristici; la multa sale a dieci libbre nel 356. Nel 364 Valentiniano, in una costituzione diretta al Prefetto di Roma, Simmaco, esponente del tenace paganesimo romano, lo autorizza a procedere al restauro di monumenti fatiscenti; nel 365 lo stesso imperatore, con un'ordinanza ripetuta tre volte a distanza d'un mese, condanna quei funzionari, che trasferiscono statue, opere marmoree e frammenti da città minori nelle metropoli (era importante non scontentare i contribuenti provinciali) e vieta la costruzione di edifici nuovi se prima non sono stati restaurati quelli antichi. Graziano nel 374 e nel 376 con un editto che dovrà essere letto in Senato proibisce la costruzione di edifici nuovi a Roma e che si prendono marmi da monumenti antichi; ribadiscono lo stesso divieto Teodosio e Valentiniano II nel 380. Tornano a proibire l'uso di materiale antico e nel 390 ordinano il restauro di monumenti antichi di cui si intende arginare il degrado e si proibiscono nuove costruzioni, legge ripetuta nel 393, nel 395 e nel*

---

[98] IACOPO DA VARAZZE, *Legenda aurea*, a cura di Alessandro Vitale Brovarone e Lucetta Vitale Brovarone, Einaudi, Torino 1995, p. 677.

398. Nel 399 in gennaio Onorio, imperatore d'occidente dopo la morte del padre Teodosio, proibisce per l'ennesima volta i sacrifici e ordina di distruggere are e statue degli dèi, ma di non danneggiare i templi, in agosto dello stesso anno (ma forse si tratta d'un editto posteriore) Arcadio ordina di demolirli, come del resto i vescovi dei concili.[99]

Alla fine del IV secolo, si registra la distruzione di diversi templi pagani: la più eclatante, destinata ad avere una vasta eco nel mondo antico, riguardò il *Serapeum* di Alessandria d'Egitto, stabilita dal vescovo Teofilo, nel 391, e attuata dai suoi seguaci. Insieme all'architettura, scomparve il grande simulacro del dio Serapide. Rufino, riportando questo episodio nella *Historia Ecclesiastica* (2, 23), sostiene che i pagani avevano diffuso la credenza del verificarsi di catastrofi naturali, se una mano umana avesse osato toccare la statua del dio. Quando fu colpita la mascella, non successe nulla e si proseguì tranquillamente a fare a pezzi il simulacro.

Un epigramma del poeta alessandrino Pallada, confluito all'interno dell'*Antologia Palatina* (IX, 441), restituisce il clima di intolleranza religiosa, legato alla distruzione ordinata da Teofilo, e il passaggio epocale, che si stava ormai consumando, dal paganesimo al cristianesimo. I versi, pervasi da amarezza ed ironia, ruotano intorno a un simulacro bronzeo di Eracle, precipitato dal piedistallo:

Vidi ad un trivio un bronzo del figlio di Zeus,
prima menzionato nelle preghiere, adesso gettato via.
Sdegnato, dissi: "Dio di tre lune, che liberi dai mali,
mai sconfitto, oggi invece sei steso per terra?".
Di notte il dio mi venne accanto e mi disse ridendo:
"Anche se sono un dio, ho imparato ad adeguarmi ai tempi".

Nel V secolo, l'atteggiamento dei cristiani nei confronti delle architetture dei templi pagani trovò differenti espressioni: in alcuni casi assistiamo alla distruzione, in altri all'abbandono, in altri ancora al saccheggio di tutti i materiali riutilizzabili. Tra il VI e il IX secolo, quando ormai il cristianesimo si era stabilmente affermato, è documentata la trasformazione dei templi in chiese. A titolo di esempio, ricordiamo due casi importanti: il Partenone ad Atene, divenuto nel VI secolo una chiesa intitolata a Maria, e il Pantheon a Roma, divenuto nel VII secolo Santa Maria ad Martyres. Si riscrive la Storia a partire da una narrazione egemonica.

Tornando a Benevento, possiamo immaginare che i cristiani del IV secolo, interpreti e tutori della nuova fede, si sono

---

[99] LIDIA STORONI MAZZOLANI, *Il sacco (cristiano) di Roma*, in *Il Sole-24 Ore*, 22 giugno 1997, p. 25.

scagliati contro gli obelischi e le sculture dell'Iseo, considerati ricettacoli temuti di demoni, per costruire la propria identità e marcare la differenza rispetto all'identità dei fedeli politeisti. Alla luce di quanto notato da Bragantini, a proposito del fanatismo religioso, trovano una spiegazione più chiara sia l'abbattimento degli obelischi, con i loro enigmatici geroglifici, che la decapitazione e la mutilazione di numerose sculture, come quelle di Domiziano (foto 18), dei sacerdoti col canopo (foto 19), delle adoratrici (foto 20), ma anche del serpente arrotolato, rappresentato sul coperchio della *Cista mystica* (foto 21), chiara immagine, agli occhi dei cristiani, del diavolo che induce gli esseri umani al peccato.

Risulta evidente la volontà di inficiare l'aspetto fisico dei manufatti e di neutralizzare il loro valore simbolico di manifestazione materiale dell'*errore*, secondo una pratica che si rinnova nei secoli e trova, purtroppo, tristi paralleli anche nella nostra epoca, come dimostrano, ad esempio, le distruzioni, ad opera dei guerrieri talebani, nel 2001 dei due giganteschi

Da sinistra: Foto 18 - Domiziano come faraone, 81-96 d.C., Benevento Museo Arcos.

Foto 19 - Sacerdote con canopo, 117-138 d.C., Benevento Museo Arcos.

Foto 20 - Adoratrice di Iside, 117-138 d.C., Benevento Museo Arcos.

Buddha, scolpiti nella viva roccia di Bamiyan in Afghanistan, e nel 2015 dei reperti archeologici assiri del Museo di Mosul, l'antica Ninive, in Iraq. Gian Carlo Calza stigmatizzava l'annientamento dei Buddha così: *L'orda di incolti che ha compiuto questo misfatto contro la religione, la cultura e l'umanità presente, passata e futura, non si è resa conto di compiere un atto che, insultando il principio stesso della divinità, di ogni divinità, finisce per offendere anche il loro dio.*[100]

Secondo il nostro riepilogo dei fatti, le architetture dell'Iseo di Benevento, risparmiate dagli eventi del IV secolo, diventarono una grande cava di materiali in età longobarda. In modo specifico, i fusti delle colonne furono oggetto di reimpiego in nuove costruzioni. La Chiesa del Santissimo Salvatore, edificata nell'VIII secolo e ristrutturata più volte, presenta tre navate divise da otto colonne (foto 22). Sette fusti di queste colonne sono di granito rosa e, a giudizio di Giovanni Vergineo, autore dello studio *Il tempio di Iside a Benevento: l'architettura e gli arredi, l'architettura attraverso gli arredi*, del 2011, potrebbero essere appartenuti in origine alla cella dell'Iseo: *È possibile ipotizzare la pertinenza dei fusti di colonna riutilizzati nella chiesa del SS. Salvatore alla 'cella', forse prostilu tetrastila su podio come quella del*

<hr>

[100] GIAN CARLO CALZA, *L'umanità distrutta insieme ai Buddha*, in *Il Sole-24 Ore*, 1 aprile 2001, p. IX. Sull'avversione islamica per le immagini religiose, che vede lo stesso Maometto eliminare nel 630 gli idoli della Mecca, cfr. MARIA BETTINI, *Distruggere il passato. L'iconoclastia dall'Islam all'Isis*, Raffaello Cortina Editore, Milano 2006.

tempio di Iside a Pompei (e come quella dell'Iseo Campense, stando alla moneta di Vespasiano cui si è già fatto cenno).[101]

La Chiesa di Santa Sofia, edificata ugualmente nell'VIII secolo, per volontà di Arechi II, presenta all'interno sei colonne, disposte ai vertici di un esagono, di cui quattro con il fusto di granito rosa, e otto pilastri e due colonne, con il fusto di granito rosa, disposti ai vertici di un decagono (foto 23). All'esterno della Chiesa, una colonna che fiancheggia il portale, al centro della facciata, è sempre di granito rosa. Per Giovanni Vergineo, questi sette fusti integri di granito rientravano originariamente nell'Iseo: *avrebbero potuto far parte del portico, che correva probabilmente su tre lati.*[102]

Sul reimpiego nella Chiesa di Santa Sofia, riteniamo che la presenza massiccia di fusti di colonne, asportati da un edificio pagano, non sia collegata tanto a motivi contingenti di reperimento di materiali, ma risponda a un preciso disegno, teso a evocare simbolicamente la grandezza passata dei Cesari, di cui Arechi II intende proporsi come depositario ed emulatore.

Considerazioni conclusive

Gli elementi superstiti dell'Iseo di Benevento, noti in gran parte grazie all'impegno e alla passione di Almerico Meomartini, ci attraggono con la loro aura vibrante di mistero e ci restituiscono alcune pagine fondanti della storia umana, che vanno

[101] GIOVANNI VERGINEO, *Il tempio di Iside a Benevento: l'architettura e gli arredi, l'architettura attraverso gli arredi*, in *Estract Critic. Revista d'Arqueologia*, Numero 5 Volumen II, 2011, p. 73.

[102] Ibidem.

dai culti riservati agli dei nell'Egitto plurimillenario alla strumentazione ideologica di questi culti, operata dagli imperatori romani, in particolare quelli della dinastia flavia, per consacrare la legittimità del proprio potere, e ancora, dalla furia iconoclasta dei primi secoli cristiani, che vedono l'abbattimento in senso letterale del paganesimo, dei suoi templi e dei suoi idoli, alla capacità dei neofiti longobardi di non distruggere quanto piuttosto di cambiare di segno alle grandi testimonianze di chi li ha preceduti.

A dispetto dell'importanza storica, c'è, a nostro avviso, la limitata considerazione di cui godono, purtroppo, negli ultimi decenni, i preziosi elementi originali superstiti del santuario isiaco. Non si spiega altrimenti il balletto degli spostamenti dei reperti dal Museo del Sannio nel complesso di Santa Sofia al vicino Arcos nel palazzo della prefettura, che ha raggiunto il suo *climax* tragicomico con l'obelisco, passato appunto dal Museo del Sannio ad Arcos, ma da qualche anno tornato di nuovo al Museo del Sannio.

E non si spiega altrimenti il video, avente come protagonista un'improbabile dea Iside, nelle vesti di maliarda, da ammirare in tre dimensioni con gli appositi occhialini, destinato ad accompagnare, ma sarebbe forse più esatto dire penalizzare, gli ignari visitatori di Arcos, coinvolti in uno spettacolo di basso livello, contrabbandato per apparato didattico. Dalla *scarsezza di mezzi*, denunciata ai suoi tempi da Meomartini per il primo tentativo di esposizione negli spazi limitati della Rocca dei Ret-

Foto 23 - Benevento Chiesa di Santa Sofia.

tori, siamo passati oggi al pessimo uso dei mezzi a disposizione, in grado persino di avvilire l'eredità che ci viene dai tempi più antichi. L'ignoranza attiva sposa la vanità del fare, delibera senza conoscere.

Arriverà mai il tempo di vedere riuniti nello stesso luogo, all'interno dello stesso allestimento, i due obelischi del Museo del Sannio e di piazzetta Papiniano, che costituivano originariamente l'ingresso monumentale dell'Iseo e avrebbero in coppia un impatto notevole sui visitatori, e tutte le sculture egizie pervenuteci, compresa quella di Api al viale della Madonna delle Grazie, meritevole di essere riparata all'interno e di essere sostituita da una copia? Da parte nostra, continuiamo a sperare in una cultura capace di custodire e di costruire la memoria, offrendo della Storia un'immagine rigorosa e viva insieme.

un museo è una macchina comunicativa per sé stessa, perché l'oggetto conservato, in sé, sarebbe muto e acquista invece o perde potere significativo a seconda della sua collocazione o esposizione

Umberto Eco[103]

---

[103] Citato da Stefano Piazzi, *L'allestimento della sezione egiziana al Museo Civico Archeologico di Bologna: questioni di metodo e di forma*, in CRISTIANA MORIGI GOVI, SERGIO PERNIGOTTI (a cura di), *Museo Civico Archeologico di Bologna. La collezione egiziana*, Leonardo Arte, Milano 1994, p. 13.

La nascita del Museo del Sannio

di Francesco Morante

Il tormentato percorso che portò dalla prima ideazione alla effettiva realizzazione dell'istituto museale

Il convegno che l'Archeoclub dedica quest'anno ad Almerico Meomartini, nel centenario della morte, è utile occasione per ritornare su un argomento che lo scrivente ha già trattato in un precedente saggio pubblicato nel 2007: la nascita del Museo del Sannio.[1] A questa istituzione ha contribuito, in maniera determinante, proprio il Meomartini, soprattutto per aver raccolto nella Rocca dei Rettori, a partire dal 1894, il nucleo fondamentale della collezione museale.

Procederemo in ordine cronologico. Per maggior chiarezza espositiva, adotteremo una esposizione cronachistica, in particolare dei fatti che avvengono tra il 1873 e il 1929, estremi che individuano la lunga fase di gestazione di questo museo, dal suo primo concepimento alla sua effettiva nascita.

L'antefatto è dato dalle prime raccolte, avvenute nei primi anni del XIX secolo, durante il decennio della dominazione francese, dal 1806 al 1815. Scrisse Mario Rotili nella sua guida del Museo:[2] «Il suo primo nucleo, infatti, risale al 1806, quando Talleyrand, divenuto principe di Benevento, promosse la fondazione di un museo nel quale riunire "les tableaux, statues, inscriptions et autres monuments d'antiquité" da raccogliere "dans les convents sopprimés… dans les autres établissements publics". Anzi quel nucleo è anche più antico, perché il Museo del Principato fu costituito da buona parte della raccolta archeologica e numismatica che il redentorista padre Caione aveva ordinata da tempo nell'antico Collegio Gesuitico, dove la sua comunità si era stabilita dopo la soppressione della Compagnia di Gesù.

«Tuttavia il Museo non ebbe fortuna, perché il governatore, Louis de Beer, si preoccupò prevalentemente della sua collezione privata e di quella del Talleyrand, promuovendo addirittura, all'uopo, esplorazioni archeologiche o impadronendosi di quanto veniva alla luce da scavi occasionali e raccogliendo

[1] F. MORANTE, *Studi sulla storia urbana ed artistica di Benevento*, Torre della Biffa, Benevento, 2007.

[2] M. ROTILI, *Il Museo del Sannio nell'Abbazia di Santa Sofia e nella Rocca dei Rettori di Benevento*, Istituto Poligrafico dello Stato, Roma, 1967.

Il cortile del Convitto Giannone, sede del Liceo cittadino, in precedenza Collegio gesuitico.

quello che poteva. Né con la Restaurazione il Museo ebbe sorte migliore. L'edificio che l'ospitava, insieme al Liceo fondato nel 1810, tornò alla ricostituita Compagnia di Gesù, che naturalmente vi riaprì il proprio collegio, e, sebbene il materiale archeologico lì raccolto continuasse ad esservi custodito, l'istituzione non ebbe vita.»

Dopo questo incipit, degli inizi del XIX secolo, veniamo al periodo post-unitario, e di certo non si può ignorare l'azione svolta a Benevento dal toscano Francesco Corazzini, docente di geografia del Regio Liceo beneventano nato nel 1861. Nel 1867 a Benevento fondava l'Accademia Beneventana, che svolse un ruolo non secondario per la vita culturale di quegli anni.

1873

Nel 1873, da quello che viene descritto sopra, a Benevento vi era una raccolta, in prevalenza epigrafica, di epoca romana, conservata nel cortile del Convitto Giannone. Nell'estate di quell'anno la città ospitò per alcuni giorni Theodor Mommsen, il famoso studioso tedesco che stava dirigendo la compilazione del *Corpus Inscriptionum Latinarum*. Era abitudine del Mommsen, ovunque andasse, di sollecitare la costituzione di musei archeologici, per salvare le epigrafi che non sempre ricevevano la dovuta tutela. Il suo invito, qui a Benevento, fu seriamente preso in considerazione del prefetto di allora, Angelo Cordera, il quale portò il suggerimento in Consiglio Provinciale, il giorno 1° settembre di quell'anno. Leggiamo le parole del suo discorso, che ancora sono utili a capire la dinamica di questa genesi.[3]

«Prima di passare ad altro soggetto permettetemi una breve digressione nell'interesse degli studii storici.

«La città di Benevento così ricca di patrie memorie possiede molti monumenti, che attestano l'antica sua origine, e sono documenti preziosissimi per la storia della patria nostra.

«L'illustre storico Tedesco Teodoro Momsen (sic), la cui competenza nessuno può disconoscere, nella visita ultimamente fatta alla nostra città mi assicurava, che fra tutte le città Italiane essa è forse la più ricca per iscrizioni antiche e per suppellettile storica.

«Questi preziosi frammenti furono in parte depositati senza ordine lungo gli atrii del Liceo Giannone, in parte si trovano ancora disseminati in luoghi pubblici, o nelle private abitazioni.

«Raccogliere queste gloriose vestigia della nostra antica grandezza in un luogo unico, che potrebbe essere lo stesso Liceo, o meglio l'ex convento di Santa Sofia, classificare tutti questi monumenti secondo il loro ordine storico, incastrarli nel muro onde impedirne la dispersione e il deturpamento, creare allato ad essi un museo di antichità cogli elementi che già si possiedono, e con quelli che si potessero ottenere dalla generosità cittadina, od acquistare più tardi, mi sembra un'opera degna dell'alta vostra sapienza.

«Così facendo voi con una spesa relativamente tenue riescireste a formare un museo di antichità, che dopo Roma e Napoli diverrebbe il più importante, ed il più prezioso, che esista in Italia.

«Voi avete fra i vostri concittadini l'ottimo sacerdote Giuseppe Pallante, il quale versatissimo in questi studii potrebbe con modica spesa meglio di ogni altro ordinare il nuovo museo e custodirlo.

«Farei torto alla vostra intelligenza, ove io mi facessi ad enumerarvi tutti i vantaggi, che la creazione di questo museo di antichità produrrebbe alla città nostra ed alla intiera Provincia: io quindi mi limito ad enunciarvi la mia idea nella speranza, che voi saprete attuarla in modo degno della Provincia nostra.»

Il Consiglio Provinciale prese in considerazione la proposta del prefetto e, in data 4 settembre, approvò una delibera[4] per

Theodor Mommsen

---

[3] *Atti del Consiglio Provinciale di Benevento – Sessione ordinaria dell'anno 1873*, Benevento pei tipi del Comm. G. Nobile, 1874, Allegato A, pagg. 5-6.

[4] *Atti del Consiglio Provinciale di Benevento – Sessione ordinaria dell'anno 1873*, Benevento pei tipi del Comm. G. Nobile, 1874, pagg. 49-52.

Francesco Corazzini.

l'istituzione di un Museo Archeologico Provinciale destinando allo scopo la somma di lire 4000 in precedenza destinata al restauro dell'Arco di Traiano. I pareri discordanti, in particolare del consigliere Riola, riguardavano l'opportunità che tale iniziativa partisse dal Comune e non dalla Provincia di Benevento. Tuttavia, a maggioranza, la delibera fu approvata e ciò è bastato, in tempi recenti, a prendere questa data come atto di nascita del Museo. In realtà si era solo all'inizio di una fase di gestazione che si sarebbe protratta, come vedremo in seguito, per diversi decenni.

1874

Il 21 febbraio di quell'anno prematuramente morì il sacerdote Giuseppe Pallante,[5] ad appena 46 anni.[6] Il Pallante, come riportato sopra, era il referente, indicato dal prefetto Cordera, per la costituzione del museo provinciale. Figura enigmatica e sfuggente, anche per la prematura scomparsa, questo sacerdote era stato segretario dell'Accademia Beneventana, fondata dal Corazzini nel 1867. Il Pallante risultava ben accreditato nell'ambiente provinciale e prefettizio – nel 1870 era stato nominato componente la prima Commissione Archeologica[7] – tanto che non c'è da meravigliarsi che proprio a lui il prefetto pensasse di affidare l'incarico della costituzione del nuovo museo. Ed invece ci fu la prematura scomparsa di Pallante e, di fatto, il Museo rimase fermo al palo, benché su di esso non si esaurì il dibattito o l'interesse.

1876

In quell'anno ci fu il tentativo, da parte del Corazzini, di dare un nuovo impulso alla nascita del Museo. Si riaccese il dibattito se il Museo dovesse essere provinciale o comunale. Il Corazzini, affiancato da Enrico Isernia, direttore della Gazzetta di Benevento, cercò di riportare l'iniziativa a Palazzo Paolo V, senza però ottenere nulla di concreto. Tuttavia in quell'anno il Corazzini pubblicò gli Annali,[8] compilando un primo interessante elenco dei materiali allora conservati. Intanto i lavori che stavano interessando l'ampliamento della via Magistrale (l'attuale corso Garibaldi), fornirono altri materiali archeologici – soprattutto lapidi e bassorilievi – atteso che molti degli edifici storici della città nel passato avevano ampiamente usato materiali di riciclo proveniente da edifici classici o medievali. Questi materiali furono raccolti in un'area a viale san Lorenzo, tra l'omonimo convento e il Bue Apis.

---

[5] FRANCESCO MORANTE, *Giuseppe Pallante e la descrizione dell'Arco di Traiano*, in *Samnium*, LXXXI-LXXXII, 21-22, 2008.

[6] La notizia sulla data di morte di Giuseppe Pallante è stata ricavata da mio fratello Giuseppe, sul sito *www.familysearch.org*, ove viene riportato che alla data del decesso il sacerdote aveva 46 anni.

[7] Sulle attività della Commissione Archeologica a Benevento cfr. LUIGI GUERRIERO, *La tutela dei monumenti a Benevento e l'attività della Commissione conservatrice provinciale: 1860-1915*, in GIUSEPPE FIENGO (a cura di), *Tutela e restauro dei monumenti in Campania 1860-1900*, Electa, Napoli 1993.

[8] FRANCESCO CORAZZINI, *Annali del Museo d'Antichità e della Biblioteca beneventana*, Anno I, Benevento, Tipografia di Francesco De Gennaro, 1876.

Viale San Lorenzo agli inizi del Novecento. Nello spazio tra la statua di Apis e il convento francescano furono depositati i reperti archeologici provenienti dai lavori di ampliamento del corso Garibaldi e poi quelli già raccolti nel cortile del Giannone.

1877

Nella pubblicazione del Corazzini sopra ricordata, lo studioso dava già per costituito il Museo, ma ciò non era vero perché, sebbene ci fosse un nucleo di materiali, mancava qualsiasi luogo ad esso destinato e quindi non c'era alcun allestimento. A questo punto l'iniziativa tornò nuovamente agli ambienti provinciali. La Commissione Archeologica, costituita presso la Prefettura, presentò una richiesta per trasformare in sede museale gli ambienti noti come "Santi Quaranta", che all'epoca si presentavano come una lunga galleria.

Fu inviata una relazione, a firma di Francesco Saverio Sorda.[9] Benché ci sia stata una prima approvazione, due anni dopo il progetto fu bocciato per l'eccessiva umidità dei luoghi.

1880

In quell'anno viene approvato il nuovo Piano Urbanistico per l'ampliamento della via Magistrale, a firma Pasquale Zoppoli. Questo nuovo piano interessò soprattutto il tratto del corso che andava da piazza Roma alla Rocca dei Rettori. Questo nuovo piano confermò la scelta di ampliare il corso sul lato sinistro salendo, salvando quindi da possibili abbattimenti palazzo Collenea, palazzo Terragnoli e soprattutto la chiesa

[9] Notizie su Sorda in ALFREDO ZAZO, *Dizionario biobibliografico del Sannio*, Fiorentino, Napoli, 1973, *ad vocem*; cfr. CLAUDIO FERONE, ITALO IASIELLO, *Garrucci a Benevento*, Bardo Editore, Roma 2008. Di questo progetto si parla in MARCELLO ROTILI (a cura di), *Benevento nella tarda antichità. Dalla diagnostica archeologica in contrada Cellarulo alla ricostruzione dell'assetto urbano*, Arte Tipografica Editrice, Napoli 2006, e in LUIGI GUERRIERO, *cit.*

di San Bartolomeo. Questo piano prevedeva tuttavia l'abbattimento proprio della Rocca dei Rettori, come si può notare dalla
foto allegata.

1884

Intorno a quest'anno, in base alle testimonianze di Francesco Corazzini, avvenne il trasloco dei reperti archeologici dal
cortile del Convitto Giannone, dove era iniziato il primo accu-
mulo sin dalla fine del XVIII secolo, alla Madonna delle Grazie,
nell'area tra il Bue Apis e il Convento, che era stata utilizzata
anche per il deposito dei materiali archeologici che emergeva-
no dalle demolizioni per l'ampliamento del corso Garibaldi.

Oltre vent'anni dopo, il Corazzini così descriveva quella sua
creazione.[10]

«Nel 1867 fondai in detta illustre città una Biblioteca per raccogliere tutti gli scrittori della provincia, e quante opere servis-
sero a rischiararne la storia e i dialetti. Fondai un'Accademia
diretta a questo studio; un Museo per raccogliere le iscrizioni
e qualunque oggetto delle età passate, Museo che era deside-
rato da tutti gli archeologi, i quali sanno quanto sia ricco di
memorie del passato il suolo di questa insigne città del Sannio.
Secondato dal Barone Celestino Bosco-Lucarelli Sindaco di Benevento e dai principali cittadini, e più tardi, nel 1876, dal figlio
del Barone Bosco detto, amato e stimato seguitatore delle virtù
del padre, e Sindaco egli pure della sua città, potei anche raccogliere, sotto i portici del R. Liceo tutte le iscrizioni che trovai

[10] FRANCESCO CORAZZINI, *Dopo quarant'anni di lavoro 1849-1889*, Tipografia
Raffaello Giusti, Livorno 1889, pp. 36-7.

sparse per le vie cittadine, quelle che si scopersero al nuovo Camposanto, e alcune che ne rintracciai io stesso. Queste iscrizioni che io aveva ordinate, trascritte e pubblicate con varianti a quelle edite dal Garrucci e dal Mommsen, furono da un asino di Preside gittate a biotto, non so dove, fuori dal Liceo, come un indegno ingombro!

Così perivano il Museo, la Biblioteca, l'Accademia! e tanto tesoro di memorie patrie andava disperso e presso a perdersi!».

1887

Per alcuni anni non si parlò più del museo archeologico, né di iniziative analoghe. Ciò che invece tenne banco in quegli anni fu il tema della soppressione di alcune prefetture, paventato dai governi del tempo, che si temeva potesse portare alla scomparsa della neonata provincia di Benevento. Per scongiurare questa eventualità, nell'Amministrazione Provinciale di Benevento nacque l'idea di dotare la Prefettura locale di una sede più ampia e prestigiosa, così da essere preferita alle province contermini (Avellino e Campobasso) nell'ipotesi che una o due delle tre fosse stata soppressa.[11] Da ricordare che al tempo la Prefettura era collocata nella Rocca dei Rettori ed era quindi locataria della Provincia, che aveva acquistato l'immobile della Rocca quindici anni prima, nel 1872, direttamente dallo Stato Italiano nell'asta di dismissione degli edifici governativi dei soppressi governi preunitari.[12]

Il percorso che portò alla nascita del nuovo palazzo prefettizio non fu semplice. Risentì di molti interessi di partito, tanto che le prime proposte progettuali non pervennero mai ad un'approvazione della maggioranza. Si decise così di optare per l'indizione di un concorso d'architettura. Benché le ipotesi legislative di soppressione delle prefetture non proseguirono, per la caduta dei governi Crispi, l'iter concorsuale andò lo stesso avanti. Indirettamente, anche la scelta urbanistica legata al nuovo Palazzo del Governo ebbe riflessi sul futuro Museo del Sannio, come vedremo in seguito.

1892

Per lo svolgimento del concorso d'architettura, indetto per la costruzione della Prefettura, serviva un piano urbanistico che individuasse quote e allineamenti, nel quale collocare la sagoma dell'edificio da costruire. Per questo scopo fu incaricato l'architetto Almerico Meomartini, che compare così, per la

---

[11] Le vicende che portarono alla costruzione del nuovo Palazzo di Prefettura sono state già descritte dallo scrivente nel libro F. MORANTE, *Studi sulla storia urbana ed artistica di Benevento, cit.*

[12] *Gazzetta di Benevento*, 21 sett. 1872.

prima volta, in questa storia del Museo. Il Meomartini dal 1889 stava pubblicando a fascicoli la sua opera storiografica sui Monumenti beneventani,[13] era quindi la persona più autorevole, in quel momento, nel campo dei beni culturali, oltre ad essere anche consigliere provinciale. Quando ricevette l'incarico, invece di seguire il Piano Zoppoli, decise di andare in variante e di chiedere l'approvazione di un nuovo piano urbanistico. Con questo nuovo piano, il Meomartini collocò la sagoma della Prefettura in posizione tale che era necessaria una lieve rotazione antioraria dell'asse del tratto terminale del corso Garibaldi. Questa variazione consentiva di salvare la Rocca dei Rettori dall'abbattimento. La variante ottenne l'approvazione ministeriale.

Facciata occidentale della Rocca dei Rettori. Nella prima foto la situazione dopo l'unità d'Italia, in una foto dei Fratelli Pensa del 1880.

Nella foto di centro la Rocca come appariva dopo il restauro di Almerico Meomartini, in una foto pubblicata nel libro "Benevento" del 1909.

Nella foto di destra, la Rocca dopo il restauro condotto negli anni Cinquanta del Novecento, da una cartolina del tempo.

1893

Appena giunse l'approvazione al nuovo disegno urbanistico, Meomartini si fece dare l'incarico dalla Provincia di restaurare la Rocca dei Rettori. Ovviamente è da intendersi solo il mastio trecentesco, perché il resto del palazzo era occupato dall'alloggio del prefetto e dagli uffici di prefettura. Il mastio, fino al 1860, era stato utilizzato quale prigione. La funzione fu dismessa con l'arrivo dello Stato sabaudo, che spostò il carcere nell'ex convento di San Felice. Dopo oltre trent'anni di inutiliz-

---

[13] *Gazzetta di Benevento*, 28 mag. 1889.

In questa pagina e nella seguente: la raccolta di materiali archeologici nella Rocca dei Rettori in una foto pubblicata nel libro di Almerico Meomartini, Benevento, del 1909.

zo, c'era da dare ristoro ai locali, ma soprattutto di dare loro una nuova funzione. Fu lo stesso Meomartini a ipotizzare e battersi perché la Rocca divenisse la sede del Museo Archeologico che, sulla carta, era stato deliberato venti anni prima, ma la cui istituzione di fatto non era ancora avvenuta. Onde evitare rischi di prescrizioni, in data 4 luglio, fu approvata una nuova delibera provinciale di istituzione del Museo Provinciale.[14]

1894

I lavori di restauro condotti dal Meomartini durarono all'incirca un anno. Furono eliminate tutte le strutture carcerarie e in parte fu anche modificato l'esterno della Rocca, soprattutto nella facciata occidentale. Il 5 ottobre, in una apposita riunione della Commissione Provinciale Conservatrice dei Monumenti, della quale faceva parte anche il Meomartini, fu ufficializzata la sistemazione del Museo Provinciale nella Rocca dei Rettori.[15]

In realtà il Meomartini non ottenne di destinare a museo tut-

---

[14] *Gazzetta di Benevento*, 14 ott. 1894.

[15] *Ibidem*

ta la Rocca, ma solo l'androne, compreso il giardinetto esterno, e il primo piano. Nel corso di quell'anno furono trasportati alla Rocca i materiali depositati presso la Madonna delle Grazie, ma anche altri provenienti dal cortile del Palazzo Arcivescovile, da collezioni private e da altri siti. Sempre in quell'anno, con delibera del Comune di Benevento data 8 dicembre, furono ceduti in prestito al nuovo Museo gli oggetti antichi, di proprietà comunale, tranne le monete.[16]

1900

In quell'anno Enrico Isernia, lo storico fondatore e direttore della Gazzetta di Benevento, pubblicò la sua Guida di Benevento. A proposito del Museo Provinciale così scrisse: "Nel piano terreno della rocca pontificia, si è cominciato a formare un museo di antichità sannite, romane e longobarde, di cui si può dire che sia colma in tutti i punti l'antichissima e gloriosa città di Benevento. E allorché l'intrapreso museo sarà compiu-

---

[16] *Gazzetta di Benevento*, 13 dic. 1894.

La raccolta di materiali archeologici nella Rocca dei Rettori in una foto pubblicata nel libro di Almerico Meomartini, Benevento, del 1909.

to, e specialmente se verrà esteso, secondo il concepito disegno, all'intera provincia, e destinato a contenere gli avanzi di antichità, che ora giacciono sparsi e dimentichi in tutti i punti della provincia, esso assumerà certamente tale importanza da non dovere i beneventani invidiare qualunque altro museo di provincia".[17]

Questo testo ci testimonia che, nonostante i buoni propositi, la Rocca ancora non ha preso l'aspetto e la funzione di un vero e proprio museo.

1903

Durante i lavori per effettuare una rampa d'accesso che, dal viale dei Rettori, entrasse nel convento di Sant'Agostino (in quegli anni Caserma dei Carabinieri), fu demolita una parte delle mura urbane e scavato il terrapieno retrostante. In quell'occasione emersero molti frammenti archeologici di età classica, che portarono, con successivi scavi, a individuare il luogo dove erano stati sepolti i resti del tempio di Iside.

La notizia fu data dalla Gazzetta di Benevento, in un succinto trafiletto che comparve sul numero del 26 settembre: "Scoperta dei resti del tempio di Iside. Nel giardino attiguo alla caserma dei carabinieri essendosi praticata un'apertura, vennero scavati dei capitelli di gran pregio e dei graziosi basso rilievi. Il muratore ne ha dato notizia a chi di dovere, e vogliamo sperare che essi non vadano dispersi." [18]

Questa scoperta archeologica del 1903 ha fornito il nucleo più interessante al Museo Provinciale, che in quegli anni Meo-

[17] ENRICO ISERNIA, *Guida di Benevento illustrata*, Angelomaria D'Alessandro, Benevento, 1900

[18] *Gazzetta di Benevento*, 26 sett. 1903.

martini stava raccogliendo nella Rocca. Qui, poco dopo, furono trasportati i reperti ritrovati, ai quali si aggiunsero altri già apparsi in altri luoghi della città, quali i frammenti del secondo obelisco, oltre quello già visibile in piazza Papiniano, e di cui parla ampiamente Maurizio Cimino in altro saggio di questo Annuario.[19]

[19] MAURIZIO CIMINO, *Meomartini e l'Iseo di Benevento*, Sannio Incontri 2023, Annuario dell'Archeoclub di Benevento, Amazon 2024.

1907

Nella storia del Museo entra, ad un certo punto, anche l'ex monastero di Santa Sofia, e vediamo qual è stato il percorso. Abbandonato dai Canonici Lateranensi nel 1806, a seguito delle soppressioni francesi, il complesso tornò a rivivere nel 1834 quando l'arcivescovo Bussi lo assegnò ai Fratelli delle Scuole Cristiane (anche noti come lasalliani, perché appartenenti all'ordine fondato da San Giovanni Battista de la Salle), perché vi istituissero le loro scuole. Nel 1866, con l'eversione dell'asse ecclesiastico voluto dal governo sabaudo, la struttura fu demanializzata e, dato che ospitava una scuola, fu data in proprietà

Il chiostro di Santa Sofia, nel periodo in cui l'ex monastero fu utilizzato quale sede dell'Orfanotrofio maschile Vittorio Emanuele III.

al Comune di Benevento. Da ricordare, infatti, che nonostante l'unità d'Italia e la fine del dominio pontificio su Benevento, i Fratelli delle Scuole Cristiane non abbandonarono la città, ma continuarono la loro attività di insegnamento. Da ricordare che, in base alla legge del tempo, le scuole elementari erano tutte di proprietà comunale. La convivenza tra Comune e Lasalliani non fu sempre facile, tanto che il divorzio avvenne alcuni decenni dopo, nel 1906, quando i religiosi acquistarono il Palazzo De Simone e vi trasferirono le loro attività scolastiche.

Il Comune, al tempo diretto da Nazzareno Cosentini, anche per non correre il rischio di restituire l'edificio al FED (Fondo Edifici di Culto) deliberò l'immediata istituzione di un orfanotrofio maschile, che in città era assente, e così l'11 novembre del 1907 fu inaugurato l'Orfanotrofio Vittorio Emanuele III.[20]

1909

In quell'anno avvenne un altro passo utile alla creazione del Museo del Sannio: l'istituzione dell'Archivio Storico Provincia-

[20] *Gazzetta di Benevento*, 13 nov. 1907

Il nuovo Palazzo Provinciale, poi Palazzo del Governo, in una foto del 1910 circa.

le. Fu deliberato il 14 dicembre dell'anno precedente su proposta presentata dal consigliere provinciale Armando Ungaro.[21] Il 25 ottobre del 1909 ci fu l'inaugurazione, sotto la direzione di Antonio Mellusi, che ne fu direttore fino alla morte. L'archivio venne inizialmente sistemato in due locali di Santa Sofia, che la Provincia aveva ottenuto in fitto dal Comune. Rimase qui per circa due anni, prima di essere spostato, nel 1911, nel nuovo Palazzo Provinciale. L'anno precedente era stato alfine completata la costruzione del nuovo Palazzo del Governo, ma lo Stato si era rifiutato di occuparlo, così che la Provincia, allora presieduta dal Meomartini, decise di porvi la propria sede, che, fino a quel momento, era presso l'ex Convento degli Scolopi a via Bartolomeo Camerario. Nel nuovo Palazzo, oltre alla Provincia, trovarono sede altre istituzioni, uffici, scuole e anche l'Archivio Storico.

Antonio Mellusi

Sempre in quel 1909, Almerico Meomartini pubblicò un libro su Benevento, nella serie Italia Artistica diretta da Corrado Ricci. Parlando della Rocca dei Rettori, il Meomartini così scrisse: "In questo castello sono stati raccolti (sebbene disordinatamente, per la scarsezza di mezzi) per opera del R. Ispettore degli scavi e monumenti, architetto Meomartini, molti avanzi epigrafici e scultorii, egizii, romani e medievali, che varranno a creare un vero museo, tostochè siano superate diverse difficoltà".[22]

L'anno successivo, in una nuova guida turistica della città, sempre il Meomartini, parlando della Rocca, ebbe a scrivere: "L'autore di questa Guida ha fatto qui trasportare molti titoli epigrafici e avanzi di sculture; affinché con essi, con altro materiale raccolto nel Chiostro di S. M. delle Grazie, oltre che con quello sparso per la città, si possa col tempo costituire qua un grandioso Museo, allorché si possa disporre di tutto il locale".[23] Questo testo conferma che, al 1910, lo stesso Meomartini ancora non dà per nato il Museo del Sannio.

Alfredo Zazo

1923

L'11 aprile di quell'anno morì Almerico Meomartini.

1925

Il 4 ottobre del 1925 morì anche Antonio Mellusi, direttore dell'Archivio Storico Provinciale. Fu chiamato a succedergli Alfredo Zazo.

[21] *Gazzetta di Benevento*, 11-16 giu. 1909

[22] ALMERICO MEOMARTINI, *Benevento*, Istituto d'Arti Grafiche di Bergamo, 1909

[23] ALMERICO MEOMARTINI, *Guida di Benevento e dintorni*, De Martini, Benevento 1910

1927

L'8 maggio del 1927 lo Stato italiano emanò una legge che ebbe un risvolto importante per questa storia: tutta la materia legata all'assistenza alla maternità e all'infanzia fu trasferita alle competenze delle Province che, quindi, *ope legis*, divennero proprietarie degli immobili in cui sorgevano gli orfanotrofi. A Benevento passarono alla Provincia sia l'orfanotrofio femminile dell'Annunziata, che in parte occupava anche l'ex monastero di San Vittorino, e quello di San Filippo, sia quello maschile Vittorio Emanuele III, che sorgeva in Santa Sofia. In questo modo la Provincia divenne proprietaria di questo storico immobile, perfezionando in tempi successivi anche i diritti di pertinenza sussistenti sia dell'orfanotrofio sia della Confraternita di San Giovenale, che pure aveva sede nella chiesa di Santa Sofia.

Questa acquisizione era ciò che attendeva Alfredo Zazo, che non perse tempo a proporre la nuova collocazione dell'Archivio che lui dirigeva nello storico complesso monastico.

1928

Nel corso del 1928 ci furono diverse novità nella destinazione d'uso degli edifici, con conseguenti trasferimenti. Gli orfanotrofi furono unificati dalla Provincia nel complesso conventuale di San Filippo. Stato e Provincia si scambiarono le sedi: la Provincia passò nella Rocca dei Rettori, che già era di sua proprietà, mentre lo Stato passava in fitto nel Palazzo del Governo fatto costruire dalla Provincia tra il 1895 e il 1910. L'Archivio Storico non seguì l'amministrazione alla Rocca, ma fu trasferito a Santa Sofia. Alfredo Zazo, sempre in quell'anno, fondò la Biblioteca Provinciale, collocata sempre in Santa Sofia, e anche la rivista Samnium.[24]

1929

L'8 dicembre di quell'anno era attesa la venuta a Benevento del re Vittorio Emanuele III. L'occasione era data dalla inaugurazione del monumento ai caduti, costruito a piazza Castello su progetto di Publio Morbiducci e Italo Mancini. In quell'occasione Alfredo Zazo decise di prendere i materiali raccolti dal Meomartini nella Rocca dei Rettori e di portarli a Santa Sofia, così da proporre un allestimento, più consono ad un vero museo, da far visitare al re.[25]

Con questa decisione egli, de facto, riunì in un'unica istitu-

---

[24] ALFREDO ZAZO in *Samnium*, a. 1928, n. 1

[25] MAURIZIO CIMINO, *Iside al Museo del Sannio: note sugli allestimenti*, relazione al convegno (i cui atti sono rimasti inediti): *Il tempio di Iside a Benevento. Modelli a confronto e nuovi studi sulla collezione isiaca del Museo del Sannio*, 3/4 dicembre 2005, Museo del Sannio, Benevento. In questa relazione, cortesemente avuta in copia dall'autore, leggiamo: «I documenti presso l'Archivio del Museo del Sannio ci restituiscono l'atmosfera di un tempo passato, laddove parlano di lire venti, pagate in data 28 novembre 1929 a Nicola Schipani, un mutilato della guerra 1915-18, che svolgeva le funzioni di custode, "per fitto di un carretto e per trasporto di statue e frammenti dal Castello al Chiostro di Santa Sofia"».

In nota: «Museo del Sannio, Archivio dell'Istituto, cartella *Atti Istituto dal 1927 al 1934*. Il trasporto non si limitò alla citata occasione. Da un altro documento, datato 14 dicembre 1929, risulta il pagamento a Schipani di lire cinquanta "per trasporto di materiale dal Castello al Chiostro di S. Sofia, per lavori straordinari compiuti in occasione della venuta di S. M. il Re, per imbiancatura e stiratura delle federe del salottino e per cucitura di tendine per coprire le vetrine". (Museo del Sannio, Archivio dell'Istituto, cartella *Atti Istituto dal 1927 al 1934*). La visita, cui accenna il documento, è quella di Vittorio Emanuele III, per l'inaugurazione del monumento alla Vittoria, che dovette contribuire a sollecitare i lavori di ordinamento del museo.»

zione archivio, museo e biblioteca, assumendone la direzione, e questa situazione si è protratta fino al 1973, quando si decise di separare la Biblioteca e collocarla in Palazzo Terragnoli, dove tuttora rimane.

In sostanza quell'8 dicembre del 1929 la città di Benevento vide per la prima volta un museo, la cui data di nascita già diventava mitopoiesi per nobilitarne la genesi nel nome del grande Theodor Mommsen.

Cerimonia di inaugurazione del Monumento ai Caduti, alla presenza del re Vittorio Emanuele III, l'8 dicembre 1929.
Alle spalle del palco, il villino di Almerico Meomartini.

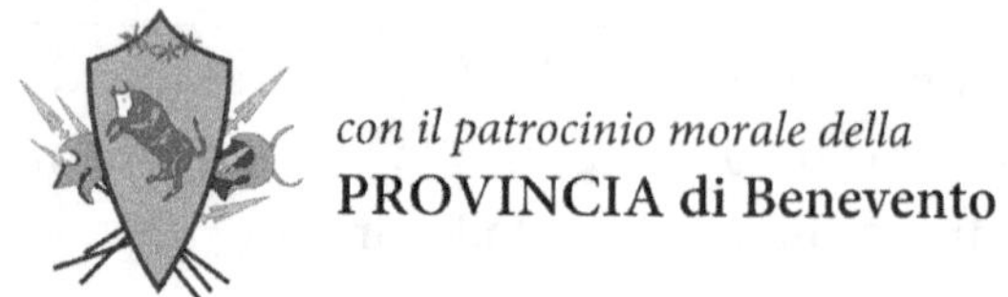

Mostra retrospettiva

ROCCO GRASSO oltre gli occhi

a cura di

**Giuseppe Bonetti   Maurizio Cimino
Diana Grasso   Francesco Morante**

ROCCA DEI RETTORI
Sala dell'Acquedotto

24 /30 aprile 2023
orario: 10/12 - 16/19

APPUNTAMENTI

20 aprile 2023 • ore 11:00

LICEO ARTISTICO VIRGILIO
Conferenza stampa
con Giulio De Cunto e
Annamaria Morante

24 aprile 2023 • ore 17:00

ROCCA DEI RETTORI
Vernissage
con Diana Grasso, Giuseppe Bonetti
Maurizio Cimino e Francesco Morante

25 aprile 2023 • ore 17:00

ROCCA DEI RETTORI
Rocco alla Rocca
happening con Francesco Morante
Linda Ocone e Antonio Passaro

28 aprile 2023 • ore 17:00

ROCCA DEI RETTORI
Oltre gli occhi
salotto con Nicola Scontrino

29 aprile 2023 • ore 17:00

ROCCA DEI RETTORI
Ensemble di violini
con Debora Bovino, Mario Compare,
Emilio Compare, Giuseppe Morante

Rocco Grasso. Oltre gli occhi

di FRANCESCO MORANTE

L'arte di Rocco Grasso si muove nel linguaggio della pittura e solo in quello, nonostante alcuni suoi manufatti partano, a volte, da una costruzione tridimensionale. Come lui stesso afferma, il suo primo riferimento stilistico fu Georges Braque. Il pittore francese, nel periodo cubista, fu l'*alter ego* di Pablo Picasso, ma anche erede di Cézanne che, come spesso affermato, fu il padre di tutti i pittori moderni. In qualche modo Rocco si mise nel solco della tradizione migliore. Scelse il *pedigree* del vero pittore, e restò sempre fedele a questo linguaggio, nonostante il contemporaneo abbia percorso molteplici strade, a volte del tutto estranee alla pratica pittorica.

Rifiutando qualsiasi deriva al meccanicismo della tecnica, che forniva nuovi strumenti di creazione dell'immagine a volte anche più facili da utilizzare, Rocco Grasso è sempre rimasto fedele alla matita e al pennello. E rimase indifferente anche ad ogni concettualismo contemporaneo, che portava molti suoi colleghi a esplorare ambiti di comunicazione che spesso uscivano totalmente dal dominio del visibile.

In una posizione, che sarebbe riduttivo considerare tradizionalista, la sua arte rimase sempre segno e colore, creati senza altri strumenti che quelli manuali. Da Cézanne ereditò il gusto

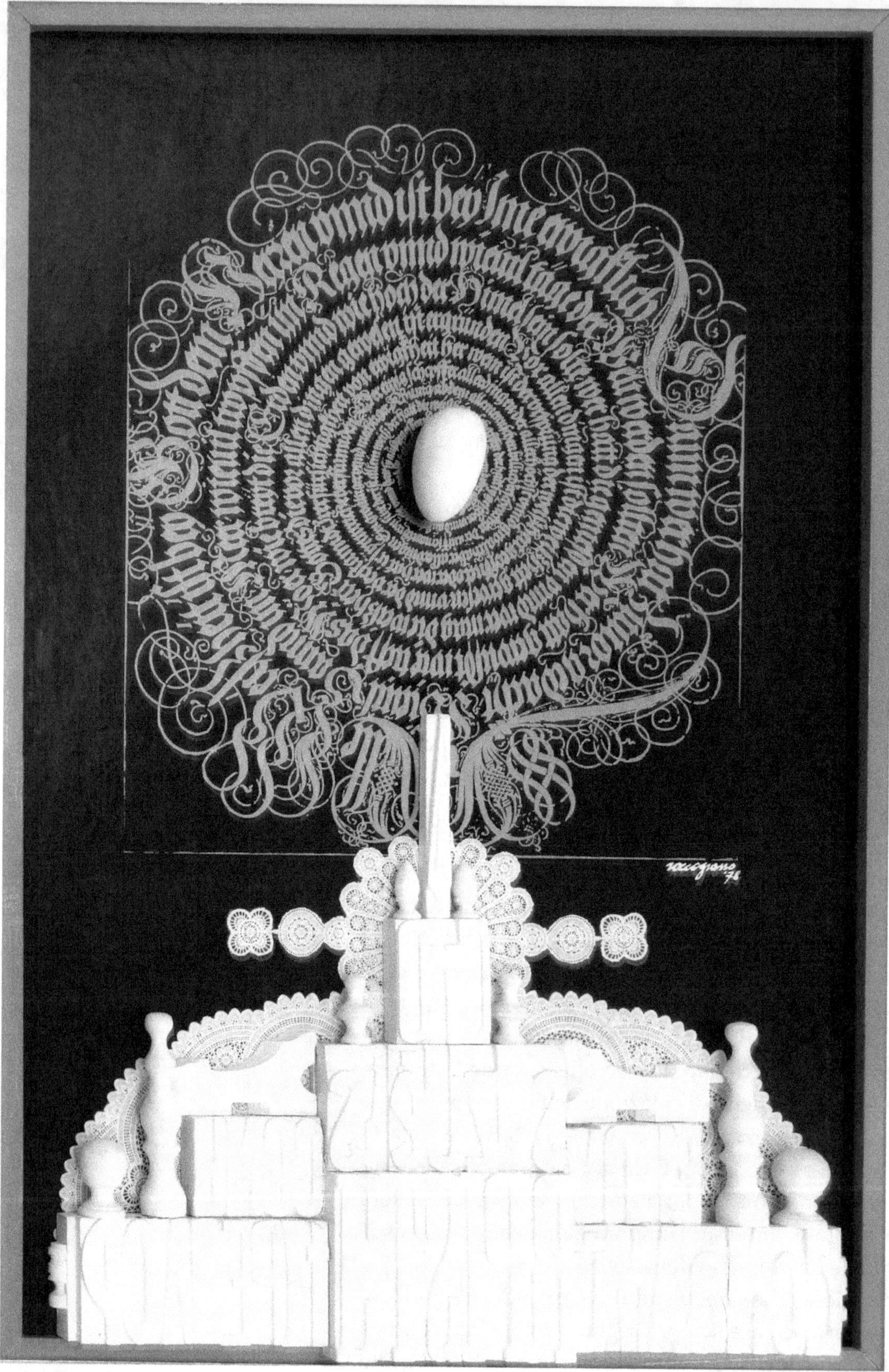

materico del colore, mentre da Braque prese l'eleganza del segno e soprattutto la costruzione non prospettica delle immagini che gli permetteva di intersecare e moltiplicare piani e punti di vista.

Ma è innegabile che l'incontro più decisivo della sua vita fu quello con Mario Persico. Decisiva sul piano umano ma anche sul piano artistico, la frequentazione con Persico arricchì la sua arte di nuovi stimoli ma anche di nuove tecniche. Da questo momento nella sua arte compare la tecnica del *collage* o i primi *combine painting*, fino ad arrivare alla costruzione di quei graziosi oggetti in legno che lui chiamava *talismani*. Anche qui prevalse il gusto artigianale del *fatto a mano*, che lo portò ad esplorare il mondo della falegnameria e dell'ebanisteria, ma sempre impreziosita dal colore e dal suo segno pittorico.

Nella sua arte, l'artigianalità aveva quasi un sapore di mistica memoria romantica: non solo era gratificazione immediata del proprio lavoro creativo, ma anche il suo valore. Ogni manufatto realizzato era sempre pensato per il mercato, per l'acquisto da parte di chi era sensibile a quel prodotto. Non ha mai realizzato opere in quel *Biennale Style*, tanto caro a molti artisti contemporanei, destinate solo alla fruizione estetica. Le sue opere dovevano essere acquistate, e la gran parte lo sono state.

L'elenco delle sue mostre, sia collettive sia personali, è quanto mai fitto. Le sue opere hanno girato l'Europa, finendo in collezioni private di cui oggi, spesso, ignoriamo la collocazione. E ciò rende difficile la creazione di un suo catalogo, al quale si spera di poter un domani giungere.

Se finora abbiamo parlato dello stile e della forma della sua arte, un cenno va fatto alla sua poetica. Eleganza e mistero. Le sue immagini hanno presenze antropomorfe, ma che rimandano ad archetipi formali che sembrano più maschere e manichini che volti e corpi. Significativo richiamo ad una *Metafisica* dalla quale Rocco Grasso prende l'immobilità silenziosa. Il suo è un mondo fermo. Un mondo fatto di sguardi e di ricordi. Uno sguardo che vaga anche sulla storia dell'arte, dato che molti dei suoi soggetti partono da lì, non semplici opere *d'après* sui capolavori del passato, ma ricordo di un mondo mitico stratificato da storie archetipe entrate nel patrimonio comune dell'umanità: Icaro, Giuditta, Venere, la Medusa e così via.

Rocco era una persona colta, senza dubbio, ma aveva su tutto la grande sensibilità di uno sguardo che sapeva cogliere significati ed emozioni in ogni circostanza, in ogni situazione e,

spesso, li sintetizzava con parole che neppure un poeta avrebbe saputo eguagliare. Per questo anche la sua compagnia era spesso un'esperienza estetica. Era, di fondo, la sua filosofia di vita: stare con gli altri, arricchire il tempo con compagnia e parole, al punto che a volte veniva da chiedersi quando trovasse il tempo per produrre le sue opere.

La mostra, allestita nella Rocca dei Rettori, ad un anno dalla sua scomparsa, non vuole essere un'antologica retrospettiva, ma un omaggio alla sua attività beneventana, con l'installazione di un angolo del suo studio. La sua presenza in città è stata importante soprattutto per la sua attività di docente, svolta per quasi quarant'anni nel locale Liceo Artistico, scuola nella quale, in quel periodo, si è formato un segmento importante della migliore arte italiana contemporanea, da Mimmo Paladino a Enzo Esposito, da Luigi Mainolfi a Massimo Rao fino ai più giovani Perino e Vele.

È sembrato quindi naturale puntare, in questa mostra, sull'aspetto del *fare*, così importante sia per l'artista sia per il docente. La sua eredità rimane come testimonianza di un momento storico forse irripetibile, per Benevento. Quella straordinaria vitalità artistica ebbe tanti e diversi protagonisti, con maggiore o minore visibilità, ma tutti legati dalla grande qualità del *fare*. In un periodo di universale trasmigrazione dal materiale al digitale, ritornare a Rocco Grasso è come ritrovare la garanzia di un'arte che continuerà a sfidare il tempo e la nostra precarietà storica.

Nella pagina precedente: Rocco Grasso, Il perturbante, olio su tela, 1994

I curatori della mostra, da sinistra: Maurizio Cimino, Giuseppe Bonetti, Diana Grasso e Francesco Morante, allestita nella Sala dell'Acquedotto alla Rocca dei Rettori, come da foto nelle pagine seguenti.

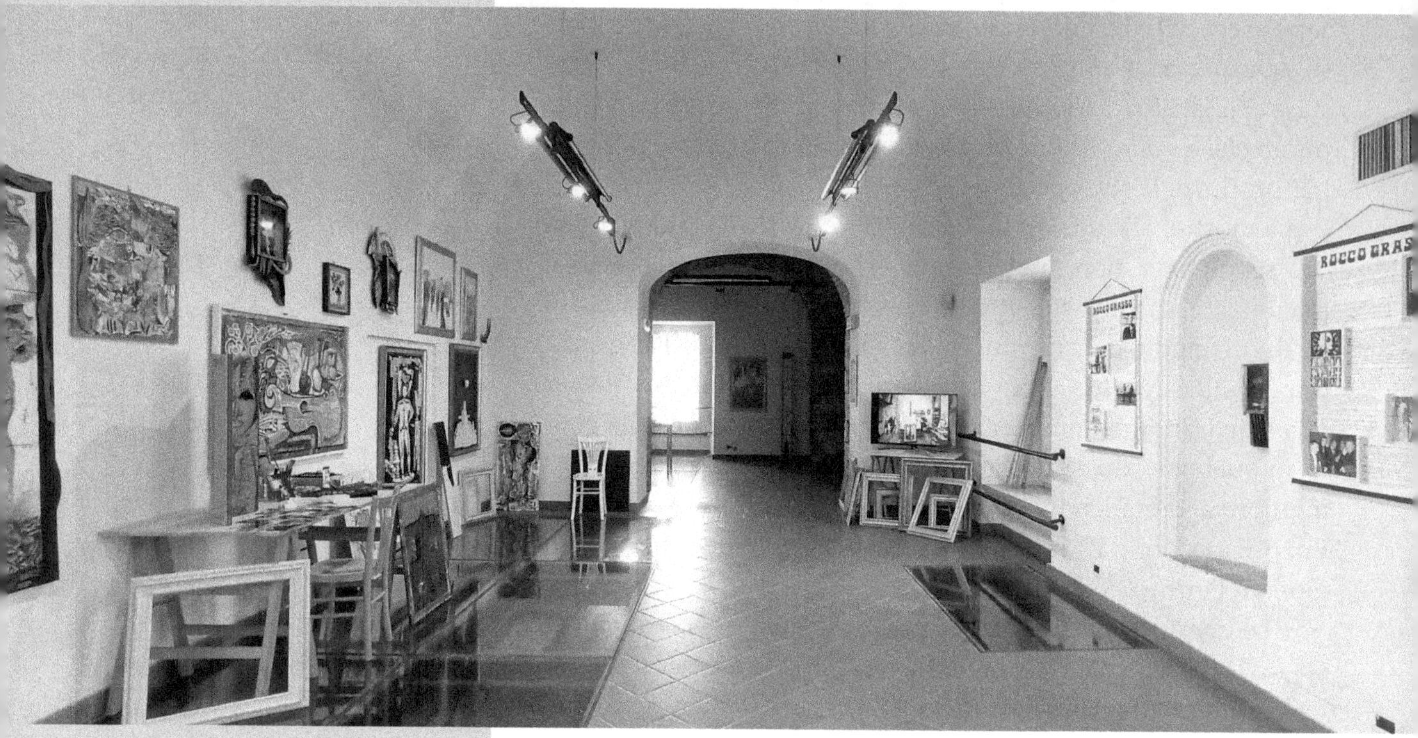
ROCCO GRASSO
ROCCO GRAS

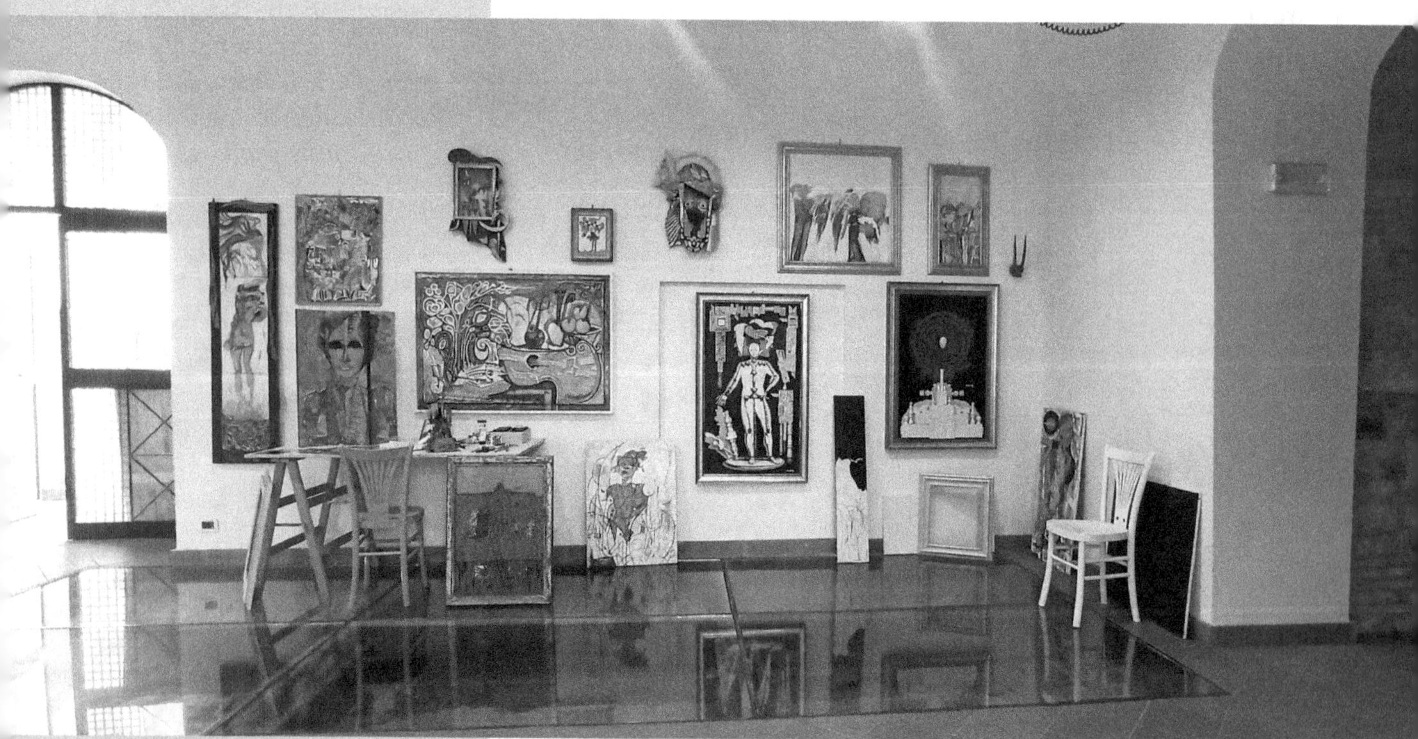

Alcuni momenti del vernissage della mostra retrospettiva "Oltre gli occhi" di Rocco Grasso.

Nella foto di fianco, da sinistra: il presidente della Provincia Nino Lombardi, il sindaco di Benevento Clemente Mastella, il dott. Giorgio Nista e il consigliere regionale Gino Abbate.

ROCCO GRASSO

1938 La nascita. A Messina, il 3 di settembre, alle 5,35 del mattino, figlio di Enrico e di Maria Vitali, nasce Rocco Grasso

1954 L'Istituto d'Arte di Napoli. Proff. Carlo Striccoli e Alberto Chiancone.

1957 Georges Braque nella testa.

Consegue il diploma di Maestro d'Arte.

1958 La prima esposizione. Si tiene a Napoli, nella storica *Galleria Blu di Prussia* dell'ing. Guido Mannajuolo, al tempo punto di riferimento per le nuove forze emergenti dell'arte locale e nazionale. *"Giovani Pittori al Blu di Prussia"* è il titolo della collettiva presentata dal prof. Raffaele Mormone, maestro e guida durante tutto il corso di studi.

Espone a Napoli al *1° Salone delle Arti Figurative*.

A Reggio Calabria nel 1966.

1959 Dopo aver conseguito il diploma del Magistero di pittura, si iscrive al corso di pittura dell'Accademia di Belle Arti di Napoli. È allievo del maestro Emilio Notte, all'ultimo anno di insegnamento.

Espone a Napoli al *2° Salone di Arti Figurative*.

1962 L'immagine del vero. Maestro Domenico Spinosa (suo insegnante alla Scuola del nudo).

Espone al *"Premio Michetti"* di Francavilla al Mare.

1963 Al *Premio Nazionale Porto di Napoli* espone un grande dipinto intitolato "Cambusa", che riscuote notevoli consensi, in particolare quelli del maestro Spinosa, di cui frequenta assiduamente le lezioni.

Partecipa al *Premio Marche* di Ancona.

1964 A Pietragalla. Per un errore compiuto nella compilazione della domanda per l'insegnamento, viene trasferito in Basilicata.

Partecipa al *Premio Antonio Mancini,* con il quale l'Accademia di Napoli tentava un'apertura oltre il ristretto orizzonte cittadino.

Partecipa al *Premio Imbriani Poerio* a Pomigliano d'Arco.

1965 **Il ritorno alle origini.** È nominato docente di "Ornato disegnato" presso il Liceo Artistico "Mattia Preti" di Reggio Calabria.

1966 A Salerno, mostra collettiva "*Incontri*".

A Villa San Giovanni, "*X Premio Villa San Giovanni*".

A Reggio Calabria, "*Galleria Arti Bruzie*".

1967 Nel mese di settembre ritorna a Napoli e prende studio in Via Bernini n 64. Il suo lavoro è connotato da un inesausto sperimentare.

Insegna nei Licei Artistici di Napoli e Benevento.

A Jesi espone alla *I Biennale d'Arte.*

1968 **Il Liceo Artistico di Benevento.** Si trasferisce al Liceo Artistico di Benevento, allora sezione staccata del Liceo Artistico di Napoli. Qui insegnerà per i successivi trentasette anni le "Discipline pittoriche".

I colleghi insegnanti, tutti provenienti da Napoli, operano nella scuola e nell'arte; Mario Persico, esponente del "Gruppo '58", ne costituisce il riferimento morale e cul-

Al Liceo Artistico di Benevento nel 1968.

A Firenze con Mario Persico nel 1972.

turale. I rapporti con Persico sono da subito amichevoli e destinati a diventare sempre più stretti, fino a tramutarsi in una profondissima e fraterna amicizia.

A Messina e a Napoli espone alla *Mostra Nazionale del Mezzogiorno*.

1970 Napoli, I Triennale di Pittura Mario Sironi.

1971 Firenze, *II Premio di Pittura "il Brunellesco"*.

Rimini, *Incontro "Sincron Rimini"*.

Venezia, *"Incontro di Grafica"*.

Bari, *IV Premio meridionale di Pittura Silvio Dodaro*.

Milano, *Rassegna "San Fedele 2"*.

Napoli, *VII Rassegna d'arte del Mezzogiorno*.

1972 Bari, *Mostra personale alla Galleria Michelangelo* (presentazione di Mario Persico: "L'immaginazione ritrovata").

Varese, *Premio di Grafica Pernod*.

1973 Sorrento, *"Premio Sorrento"*.

1974 Napoli, *Mostra personale allo studio Turchetto* (presentazione di G. Battista Nazzaro).

Milano, *11x16* alla *Galleria La Darsena*.

1975 Marigliano, *Napoli "Situazione '75"*, Rassegna curata da Enrico Crispolti.

Scafati, *"Rocco Grasso e Mario Persico"* mostra organizzata da Davide Morlicchio presso il *Centro Sud Arte*.

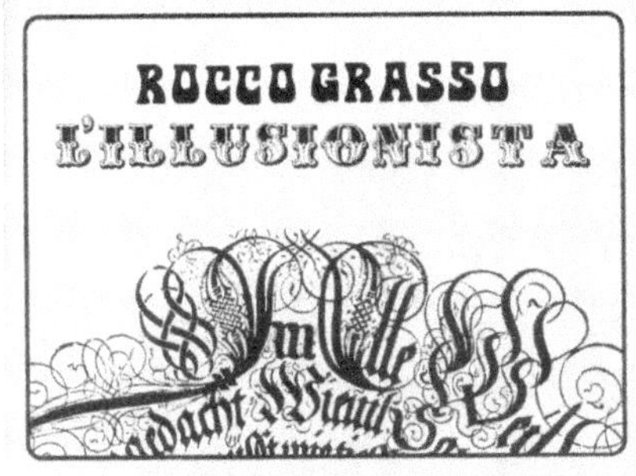

Catalogo della mostra del 1979.

Davanti all'opera "altra trappola" del 1966.

1976 Gli oggetti trovati. Nelle opere del '76 Rocco Grasso "chiude" in cassette e teche i suoi "oggetti trovati". La frequentazione di antichi ripostigli sollecita il momento dell'ispirazione. Gli oggetti acquistano un nuovo ordine in uno spazio sperimentale e fantastico. E non ultimo c'è il gioco, che rappresenta un'attività molto seria della vita dell'uomo. Le opere di questo periodo possono definirsi un "monumento" ai giocattoli, ovvero l'infanzia si può recuperare soltanto con gli strumenti dell'infanzia.

A Milano, *Macchine per trappole trasparenti* – l'Usura Product – Mostra personale alla *Galleria La Darsena* (presentazione di Mario Persico, Gigi Del Duca, Gerardo Pedicini, Ugo Carella).

Benevento, festa dell'Unità al Teatro Romano: partecipa con una grande installazione che ha per tema Tell Al Zatar.

Napoli, *Campania Proposta Uno*.

Bologna, *Arte Fiera*.

1977 Barcellona, *Premio Joan Mirò*.

Angri, galleria d'arte contemporanea "il centrozero". Barisani - De Nicola - Grasso - Lamberti - Lanzione - Maiorino - Manca - Morlicchio - Spinosa - Tatafiore.

1979 L'illusionista. A Firenze presenta la Personale. *"L'Illusionista"* presso lo Studio *Inquadrature 33*. "L'opera di Rocco Grasso potrà avere una collocazione in quell'ambito dada-surreale rivisitato attraverso la Nevelson e la lettura di Borges".

1980 Padova, *"Le produzioni del desiderio sono più perfette di quelle della memoria"* (Borges), Mostra personale alla *Galleria Images '70 Mastrogiacomo*.

1982 Napoli, *"Metafora dell'esistenza"*, Mostra personale alla *Galleria lo Spazio* (con presentazione di Bruno Sestili).

1983 Zagabria, *"Alla ricerca del Minotauro"*, mostra personale al *Talijanski Kulturni Centar* (nel programma: Ermanno Olmi, Giorgio Gaslini e Sergio D'Orazio).

Lanciano, *Mostra personale alla Galleria Il Cubo*.

1988 Benevento, *Arte Contemporanea al Museo del Sannio*.

1989 Bologna, *"Paraventi ed altro"*, Mostra personale alla *Galleria del Vicolo Quartirolo*.

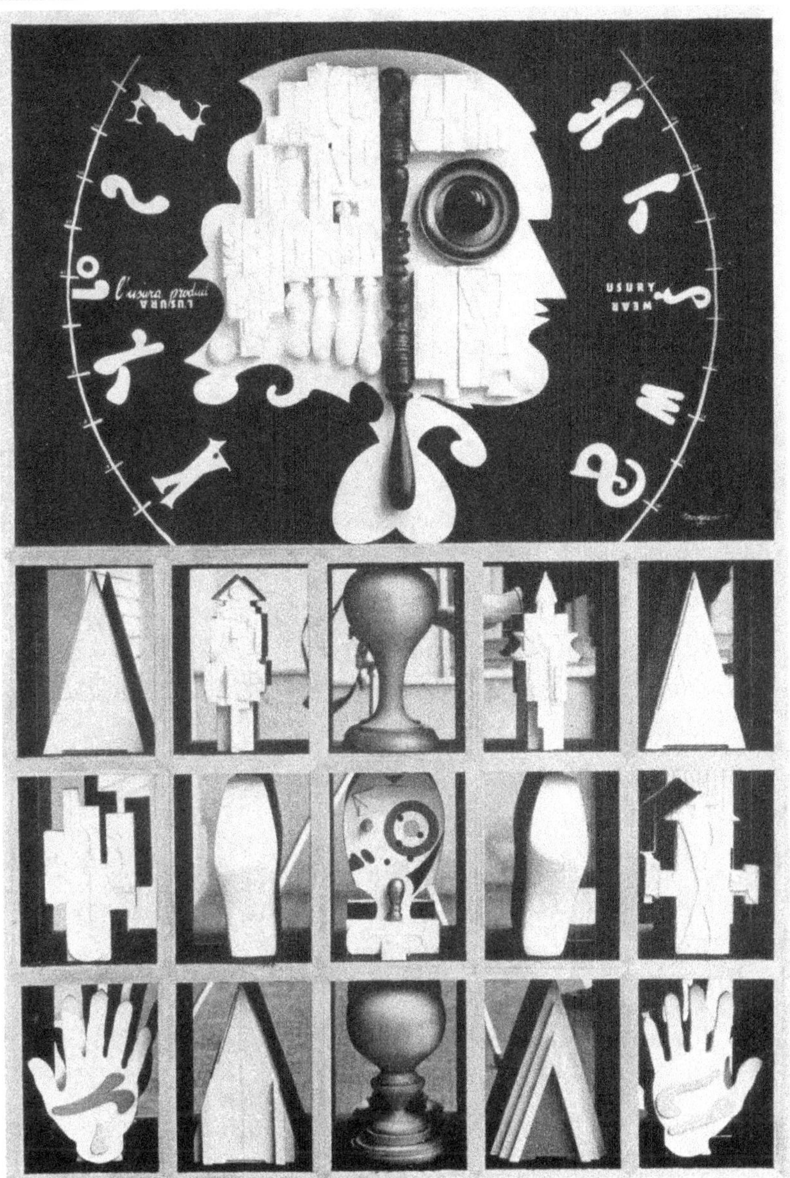

"l'usura product" del 1976.

1990 Chamalieres (Clermond-Ferrand), *"Le lieu du langage"* – *13 artistes Italiens, Association Musee de l'Art Contemporain, con la collaborazione della Galleria Del Vicolo Quartirolo di Bologna* (presentazione di Bruno Sestili).

1991 Bologna, espone all'*Artefiera* con la *Galleria Artespaziodieci*.

Taverna, *"Nel più ampio cerchio", angolazioni e prospettive della visione nell'arte contemporanea* - "Incontro con l'avanguardia americana" a cura di Teodolinda Coltellaro.

1992 Bologna, *Artefiera* con la *Galleria Artespaziodieci, (talismani).*

Nel suo studio nel 1999.

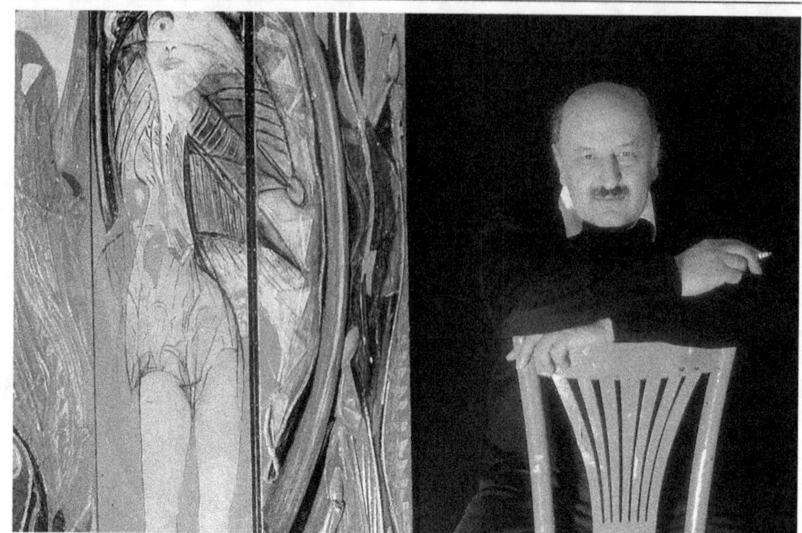

1993 Bologna, espone all' *Artefiera* con la *Galleria Artespaziodieci* (paravento:"il maestro del gioco").

Chamalieres (Clermond - Ferrand), *Les artistes contemporain italiens dans le collection de l'A.M.A.C. Musee du Ranquet.*

Lamezia Terme, *"Nella natura l'origine dell'arte"*, alla *Galleria Mail art.*

1994 Torino, *"Artissima" (prima edizione)* con la *Galleria d'arte Gnaccarini* di Bologna.

1995 Torino, *"Artissima" (seconda edizione)* con la *Galleria d'arte Gnaccarini* di Bologna.

1996 Torino, *"Artissima" (terza edizione)* con la *Galleria d'arte Gnaccarini* di Bologna.

1997 Vicenza, *"I Quattro giorni dell'Arte"* con la *Galleria d'arte Gnaccarini* di Bologna.

Gand, *Lineart, International art Fair* con la *Galleria d'arte Gnaccarini* di Bologna.

1998 Bologna, *Mostra personale di "talismani" e dipinti alla Galleria Gnaccarini.* «Nella mentalità "magica" dei popoli primitivi il talismano serviva a procurare qualche bene, qualche fortuna. I "Talismani" sono oggetti/teche che ospitano, all'interno e all'esterno, enigmatici simbolismi, il "diverso" e l'utopico, aprendosi contemporaneamente ad "accogliere" le più varie possibilità espressive della fantasia».

Barcellona, *ARTEXPO*, Fiera de Barcellona (talismani e dipinti) con la Galleria d'arte Gnaccarini di Bologna.

1999 Caserta, *Mostra Personale al Centro R. Soletti* – CIAC 21. (paraventi, talismani e dipinti).

"Aspettando il 2000" ("Idolo" - talismano) mostra collettiva alla Galleria d'arte Gnaccarini di Bologna.

2000 Caserta, *"Il fare in divenire"*, mostra collettiva alla Camera di Commercio.

2001 Utrecht, *Holland Art fair*, Jaarbeurs Utrecht. "Talismani e dipinti" con la Galleria d'arte Gnaccarini di Bologna.

2003 *Nomina a Patafisico.* Ricevuta da Mario Persico dell'Istituto Patafisico Partenopeo.

Villa San Giovanni, Premio Kiwanis VII edizione (Il talismano delle metamorfosi). Villa San Giovanni, Premio Kiwanis VII edizione (Il talismano delle metamorfosi).

2004 Napoli, *Serata Patafisica* all'Istituto Grenoble.

Napoli, *"Periferie"*, all'Istituto G. Rodinò (talismani) mostra collettiva.

2008 Benevento, *Dipinti degli anni '60 e '70*, Mostra personale alla *Galleria Rosso Fenice Arte Contemporanea*.

2010 Benevento, La Fagianella, mostra collettiva di artisti della *Patafisica*.

Benevento, Palazzo Paolo V, mostra collettiva *Frammenti per il Terzo Millennio*.

2015 Guardia Sanframondi, mostra collettiva *II edizione di BacArt: 13 artisti in mostra nella Casa di Bacco*.

Inaugurazione della mostra alla Galleria Rosso Fenice. Da sinistra: Ernesto Pengue, Mario Lanzione, Antonio Frusciante, Mario Persico, Rocco Grassso

Ricostruire le porte di Benevento con installazioni artistiche

Una interessante mostra di elaborati progettuali, organizzata dall'Archeoclub di Benevento con il Liceo Artistico Virgilio, si è tenuta alla Biblioteca Provinciale nel mese di giugno del 2023. La mostra parte da un obiettivo molto semplice, riproporre la memoria delle antiche porte della città, distrutte dopo l'unità d'Italia, con alcune installazioni artistiche che ne attualizzino la presenza. Ovviamente non si tratta di ricostruzioni, come i falsi storici del passato, ma di segni moderni e attuali che diano qualità visiva agli spazi urbani, ricordando al contempo che lì, in precedenza, si transitava per entrare o uscire dalla città.

Il progetto è stato coordinato dalla docente prof.ssa Carmen Laudato, con la classe VA sezione Architettura e Ambiente, in particolare con gli alunni Wanessa Barbara Campania, Stella Capozzi, Aurora Cavuoto, Marika Coviello, Aurora De Bellis, Antonia Delli Carri, Simona Fiore, Sabrina Iovino, Evelino Mercurio, Laura Parrella, Michela Pastore, Antonia Sarchioto, Clelia Urbano e Vera Zollo.

La città di Benevento, per la sua insolita condizione politica, di essere una *enclave* pontificia nel regno delle Due Sicilie, ha conservato le sue porte in esercizio fino all'unità d'Italia. Fino a quella data, ancora venivano chiusi, di notte, gli accessi alla città, e anche il transito diurno era regolamentato quasi come una dogana di frontiera. Poi, dopo l'unità, fu emanata una legge che vietava, per motivi militari, di chiudere le porte delle città e così il Comune di Benevento decise di demolire radicalmente le porte, anche come struttura architettonica. Vi era l'implicito significato di aprire la città al territorio circostante, dopo secoli di isolamento imposto dalla Chiesa. Nell'occasione vennero tolti i cancelli dall'Arco di Traiano che, fino al 1860, era anch'esso una porta di accesso alla città.

Mostra degli allievi del Liceo Artistico alla Biblioteca Provinciale Mellusi

Nella pagina precedente: veduta dall'alto dell'Arco di Traiano, anni Trenta nel Novecento.

Nella pagina seguente: inaugurazione della mostra alla Biblioteca Provinciale. Da sinistra: Giacomo de Antonellis, Michele Ruggiano, Luciano Pascucci, Mario Collarile, Maurizio Cimino e Carmen Laudato.

Delle otto porte attive al 1860, oggi ne sopravvivono solo due: l'Arco di Traiano, ovviamente, e Port'Arsa. Furono demolite Porta Pia, sul ponte di Calore, Porta San Lorenzo, all'inizio di corso Dante, Porta Somma, di fianco alla Rocca dei Rettori, Portella dell'Annuziata, vicino all'omonima chiesa, e Porta Rettore, al termine di via Ennio Goduti. Qualche decennio dopo, nel 1928, fu demolita anche Porta Rufina, che fino a quel momento si era salvata. Da segnalare che, in quella occasione, si decise di lasciare una traccia della porta demolita, con alcune pietre nel selciato della strada, che segnavano l'antico passaggio. Buona parte di quelle pietre sono ancora presenti sul posto.

L'attenzione degli studenti del Liceo Artistico, anche in base alle documentazioni in possesso, si è concentrata su quattro porte: Porta Pia, San Lorenzo, Rufina e Porta Somma. Le progettazione proposte dagli studenti sono libere da qualsiasi vincolo di costo o di contesto, per cui sono una ricca carrellata di segni linguistici, spesso presi da recenti installazioni di famosi artisti, elencando quindi le possibilità che si possono sfruttare per ripensare il concetto stesso di porta urbana, e la sua presenza solo a livello iconico e non più funzionale.

Variegate sono le soluzioni progettuali, come eterogenei sono anche i materiali ipotizzati, che vanno dai led al plexiglass, dalla vegetazione alle strutture metalliche con cavi iridescenti e così via. I segni sono spesso colorati e portano un tocco di artisticità e di vita, in contesti la cui qualità visiva non sempre è valida e accettabile.

Al di là degli esiti di questa progettazione, rimane forte lo stimolo a ripensare il rapporto tra arte e urbanistica utilizzando la prima per riqualificare gli spazi urbani cogliendo al contempo i valori culturali, storici e di memoria che una città possiede oltre il visibile. Si tratta quindi di una proposta di metodo, che speriamo possa apportare qualche stimolo nuovo a questa città che non sempre esprime una progettualità all'altezza del suo passato e del suo valore storico.

Le porte storiche della città di Benevento

Parte prima

LA RICERCA STORICA

Nel 545 il re ostrogoto Totila rase al suolo la cinta muraria della città romana per impedire ai Goti del Sannio di usarla come base operativa. La tradizione vuole che le mura siano state ricostruite dal generale bizantino Narsete secondo un tracciato molto più contenuto rispetto a quello della città romana, ma furono molto probabilmente i Longobardi a ricostruire il circuito murario difensivo della città.

L'arrivo dei Longobardi a Benevento ha determinato nel corso di due secoli la formazione di una struttura urbana che la città ha conservato quasi immutata fino all'unità d'Italia.

Attraverso la cartografia storica che segue, tracciamo l'evoluzione del tessuto urbano della città con le sue mura e le sue porte.

di CARMEN LAUDATO

Classe V A 2022/23 Liceo artistico "Virgilio" di Benevento

Laboratorio di architettura prof.ssa Carmen Laudato

Idee progettuali per richiamare il segno delle antiche porte nella città contemporanea

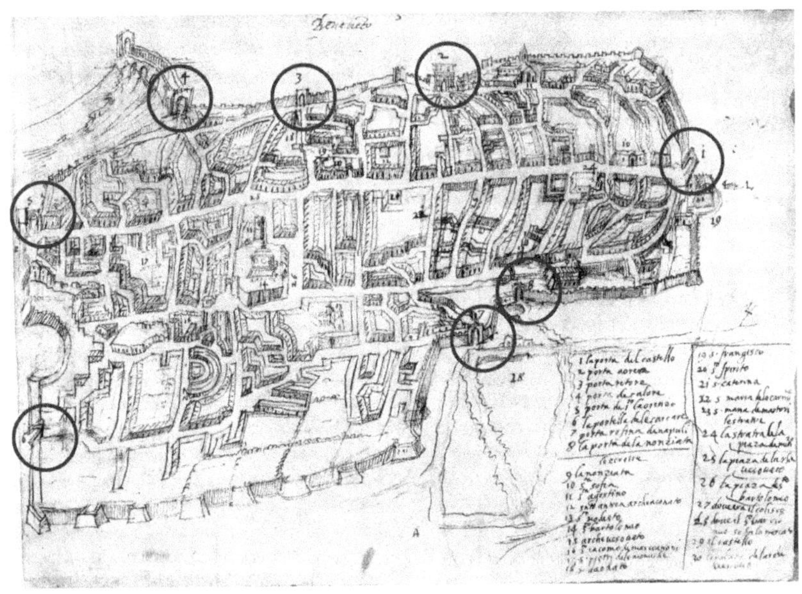

Le otto porte di Benevento in una planimentra della città del XVI secolo, conservata alla Biblioteca Angelica di Roma.

Le otto porte della città di Benevento

1. Porta Somma
2. Porta Aurea
3. Porta Rettore
4. Porta Pia
5. Porta San Lorenzo
6. Port'Arsa
7. Porta Rufina
8. Porta dell'Annunziata

Delle otto porte storiche, cinque sono state demolite subito dopo l'Unità d'Italia, tra il 1865 e il 1868. Porta Rufina fu invece demolita nel 1928.

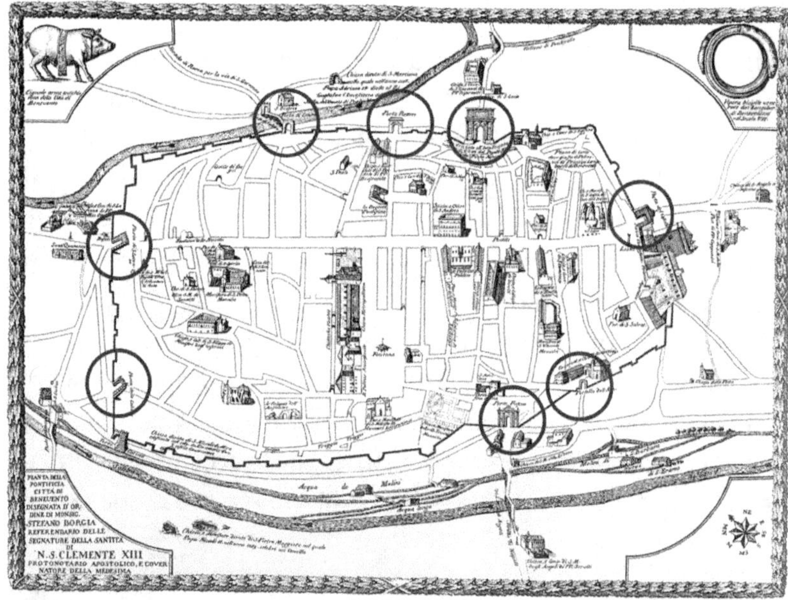

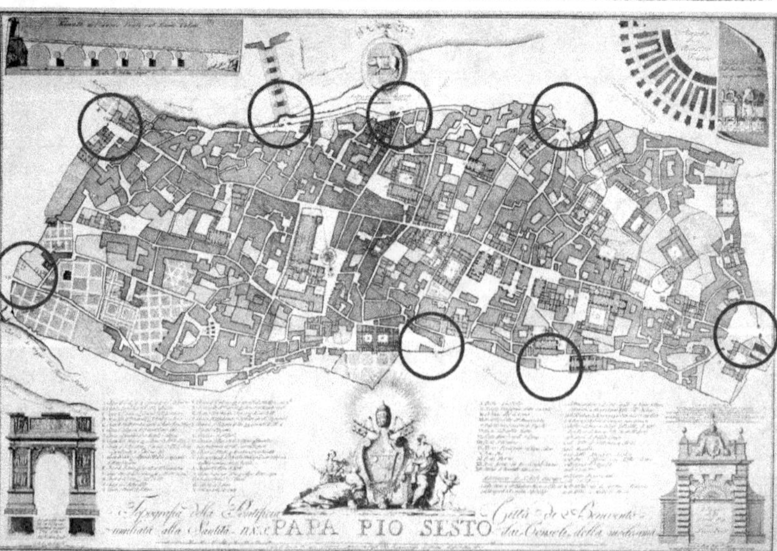

In alto: le otto porte della città nella pianta Pizzella del 1764.

In basso: le porte sulla planimetria Casselli del 1782.

Oggi sopravvivono solo due porte:

Porta Aurea, l'Arco di Traiano

Port'Arsa

Solo di alcune delle porte storiche ci sono rimasti disegni o foto, di Porta Rettore e Porta dell'Annunziata non abbiamo alcuna testimonianza iconografica.

PORTA SOMMA

Porta Somma si trovava di fianco alla Rocca dei Rettori. Fu demolita nel 1867. Di Porta Somma non abbiamo foto ma solo incisioni, dipinti e disegni.

Il Leone del Castello e l'interno di Porta Somma in un disegno di Carlo Labruzzi.

L'esterno di Porta Somma in un disegno di Achille Vianelli.

Rocca dei Rettori e interno di Porta Somma in un disegno di Achille Vianelli.

Esterno di Porta Somma in un acquerello di Scuola del Vianelli.

Porta Somma nella città

L'Arco di Traiano in una incisione del Piranesi.

PORTA AUREA

Porta Aurea era il nome che fu dato nel medioevo all'Arco di Traiano L'arco faceva parte della cinta muraria e ne costituiva una porta. Nel 1855 furono demolite le mura che lo circondavano.

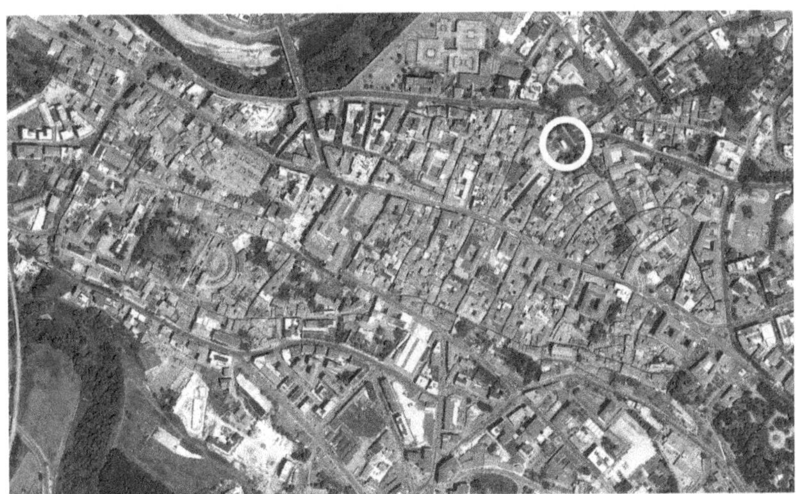

Porta Aurea nella città

PORTA RETTORE

Porta Rettore sorgeva alla fine di una strada che oggi non esiste più poiché tutta l'area è stata ridisegnata dopo i bombardamenti del 1943. Risulta perciò difficile individuarne la posizione esatta.
Di Porta Rettore non è giunta fino a noi alcuna immagine, foto o disegno.

Porta Rettore, a destra, e Porta Pia, a sinistra, nella città

PORTA PIA

Porta Pia sorgeva alla fine del ponte sul fiume Calore.
Ricostruita alla fine del XVIII secolo, fu dedicata a Pio VI, da qui il nome di Porta Pia. Fu demolita nel 1867.
Di essa abbiamo una sola foto, scattata dall'interno delle mura, e un disegno della facciata sul ponte di Calore, inserito da Saverio Casselli nella sua pianta di Benevento del 1792.

Prospetto di Porta Pia inciso sulla pianta del Casselli.

Porta Pia, in una foto di metà Ottocento.

PORTA SAN LORENZO

Porta San Lorenzo era situata all'imbocco dell'attuale corso Dante, tra i palazzi Pacca e Pedicini.

Fu demolita nel 1868.

Di essa non abbiamo fotografie. L'unica idea della sua forma la possiamo ricavare da un disegno tratto da un taccuino di viaggio del francese Desprez.

Viale San Lorenzo in un disegno di Louis Jean Desprez

Porta San Lorenzo in un disegno di Louis Jean Desprez

Porta San Lorenzo, in alto, e Port'Arsa, in basso, nella città

Port'Arsa, in una cartolina degli anni Trenta del Novecento.

Port'Arsa, in una cartolina dei primi anni del Novecento.

PORT'ARSA

Port'Arsa era anche chiamata Portella delle Calcare perché nella zona sorgevano alcune vasche per cuocere la calce. È l'unica porta sopravvissuta, oltre all'Arco di Traiano. La copertura non è quella originale. Probabilmente sopra l'arco si trovava un tratto di mura merlato.

Di fianco alla porta si trova ancora oggi un edificio costruito sull'antica cinta muraria negli Anni '20 del Novecento.

PORTA RUFINA

Porta Rufina fu ricostruita nella prima metà del XVI secolo. Fu demolita nel 1928.

Di Porta Rufina sono giunte fino a noi molte immagini.

Quando fu demolita, nella pavimentazione della strada furono inserite alcune pietre che indicano ancora oggi dov'era la sua collocazione-

Porta Rufina, in una cartolina dei primi anni del Novecento.

Porta Rufina, in una foto di Luigi Intorcia.

Porta Rufina, in una cartolina dei primi anni del Novecento.

Porta Rufina, in una foto del 1928, poco prima del definitivo abbattimento.

PORTA ANNUNZIATA

La Portella dell'Annunziata si trovava di fianco all'omonima chiesa. Fu demolita nel 1867 circa.
Di Porta Annunziata non abbiamo né foto né disegni.

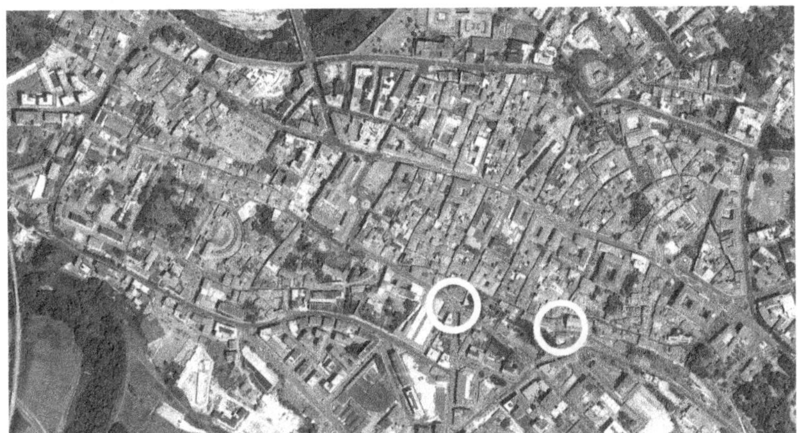

Porta Rufina, a sinistra, e Porta dell'Annunziata, a destra, nella città.

Parte seconda

IL PROGETTO

Dopo aver ricercato nella cartografia storica della città le porte storiche e averne rintracciato la posizione nella città contemporanea abbiamo considerato quanto la città attuale fosse "immemore" della sua storia urbana e quanto del tracciato storico si fosse completamente perso con le sue porte.

La città di Benevento subito dopo l'annessione al Regno d'Italia, dopo secoli di chiusura all'interno delle mura, si aprì al nuovo. Le porte storiche furono quasi tutte progressivamente abbattute.

I massicci bombardamenti subiti dalla città nel 1943 e la conseguente ricostruzione post-bellica contribuirono poi a cancellare molto dell'antico tracciato urbano.

Per richiamare alla memoria e restituire alla città una parte della sua storia, gli studenti coordinati dalla docente, hanno progettato delle installazioni nei punti della città dove un tempo si trovavano alcune delle porte di accesso.

Abbiamo scelto di "ricostruire" attraverso installazioni o arredo urbano:

Porta Pia
Porta San Lorenzo
Porta Rufina
Porta Somma

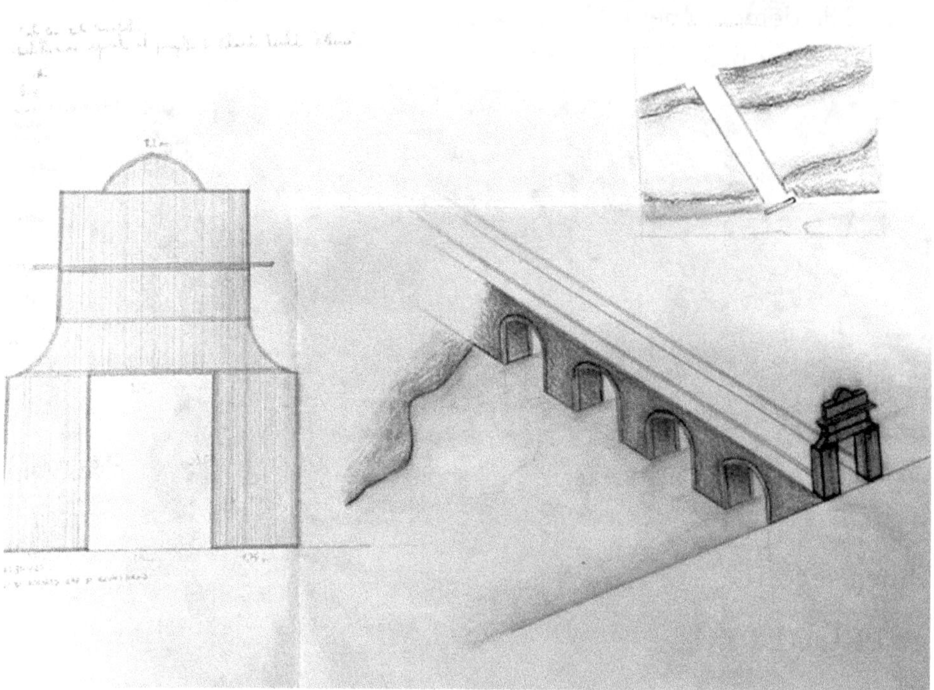

Idea progettuale

Disegno della porta storica

Modello di studio

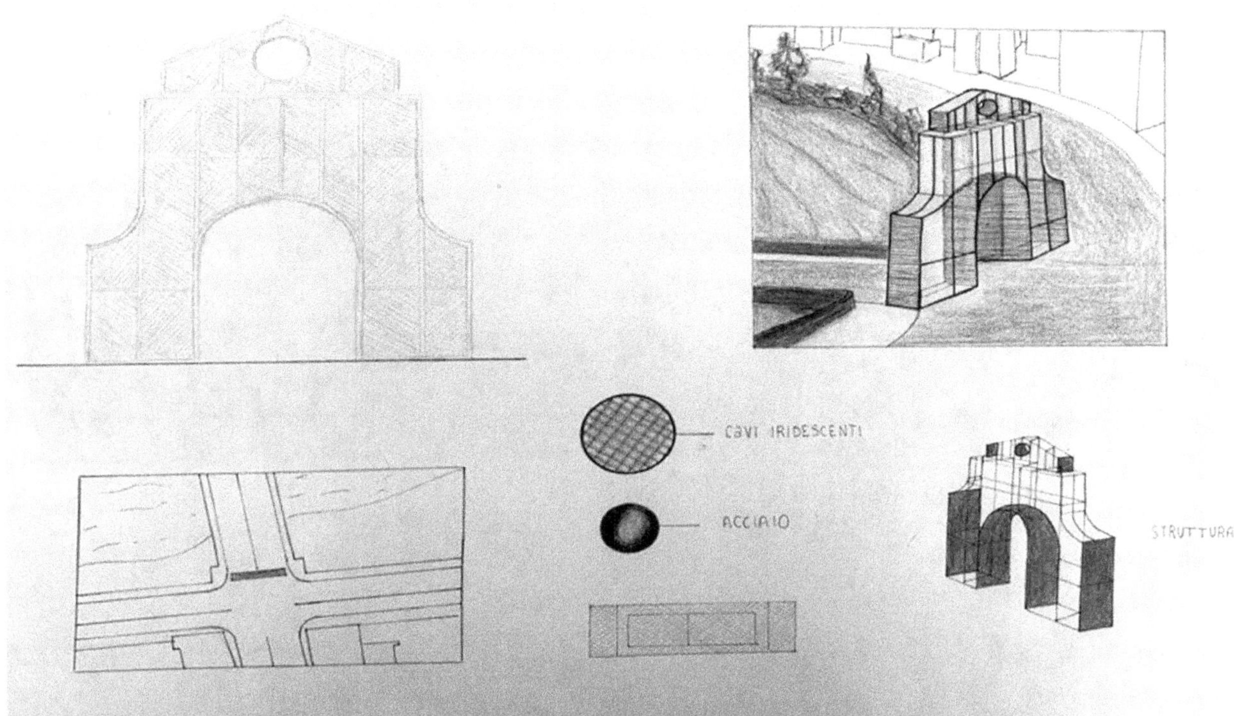

L'installazione progettata si colloca in un'area centrale della città di Benevento, su una delle estremità del ponte sul Calore e posizionata dove era collocata l'antica Porta Pia.

L'idea di base del progetto è appunto ricreare un volume che richiami la presenza in questo luogo in passato di una porta di accesso alla città.

L'installazione realizzata rispetta le misure e la forma dell'antica Porta Pia, lasciando invariato anche l'arco centrale in modo da rendere possibile il passaggio sia di veicoli che di pedoni.

La forma adottata ricrea le linee settecentesche originarie di Porta Pia ma in modo più semplice e lineare.

La nuova porta è composta da una struttura in acciaio sulla quale si intrecciano in maniera obliqua dei cavi iridescenti di vari colori, che illuminano la struttura e tutto lo spazio urbano circostante.

L'installazione è stata pensata come temporanea, verrà quindi smontata dopo un periodo di tempo definito.

La fonte di spirazione dietro questo progetto è stata la struttura momentanea "Ziggy" realizzata da Hou De Sousa a New York, nel 2019.

Idea progettuale

Progetto per la nuova Porta Pia - Antonia Sarchioto

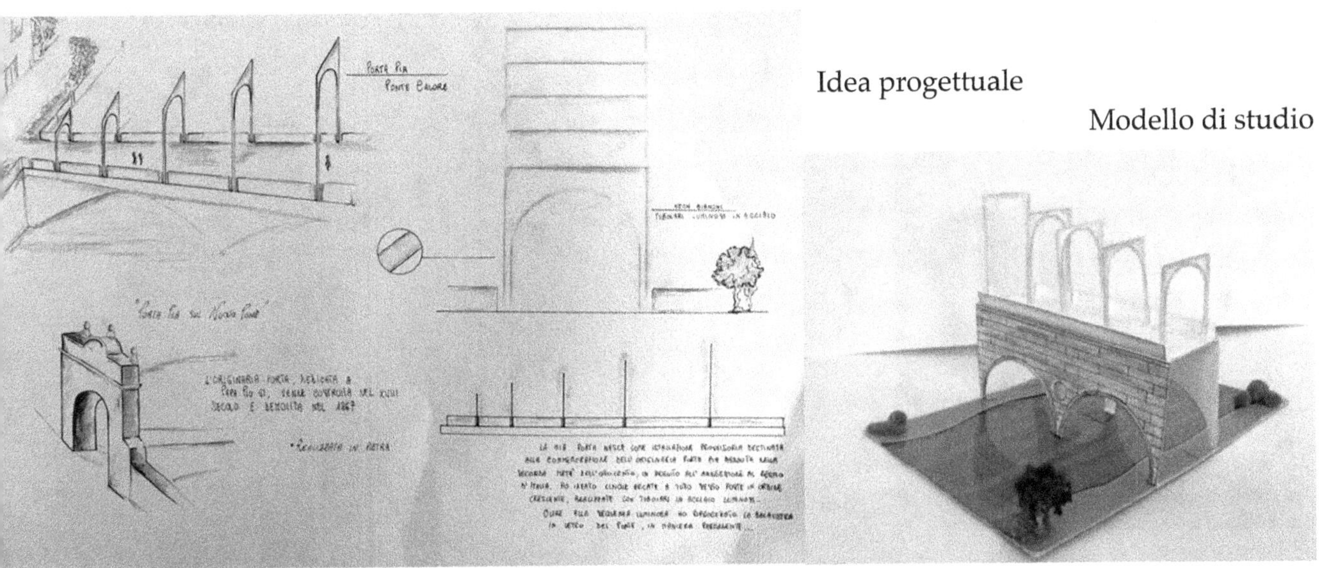

Idea progettuale

Modello di studio

Progetto per la nuova Porta Pia - Sabrina Iovino

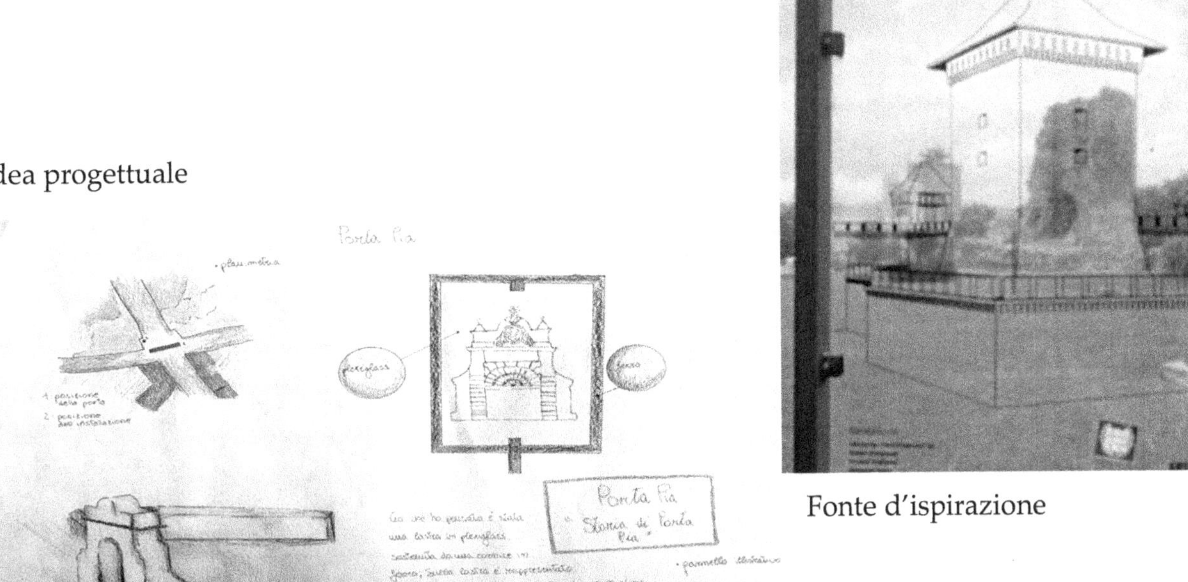

Idea progettuale

Fonte d'ispirazione

Progetto per la nuova Porta Somma - Aurora Cavuoto

Idea progettuale

Modello di studio

Progetto per la nuova Porta Somma - Laura Parrella

Idea progettuale

Modello di studio

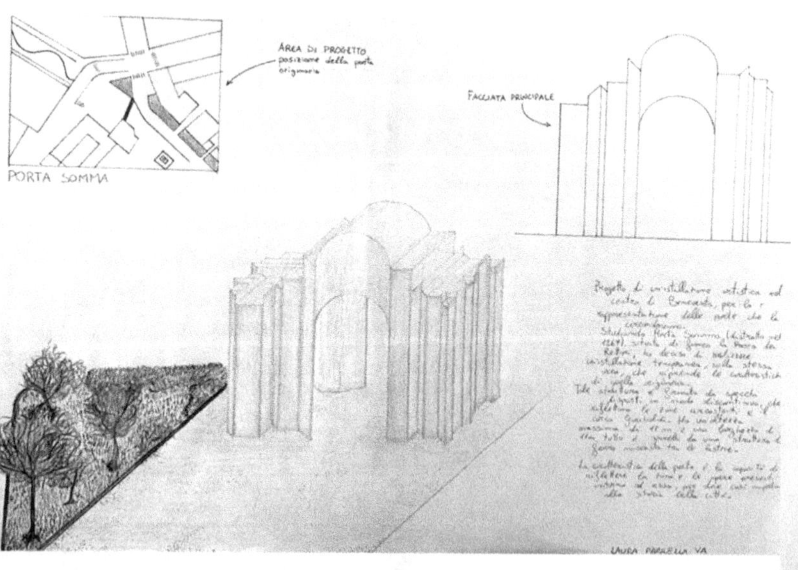

Progetto per la nuova Porta Somma - Vera Zollo

Disegno della porta storica

Idea progettuale

Progetto per la nuova Porta Somma - Wanessa Campania

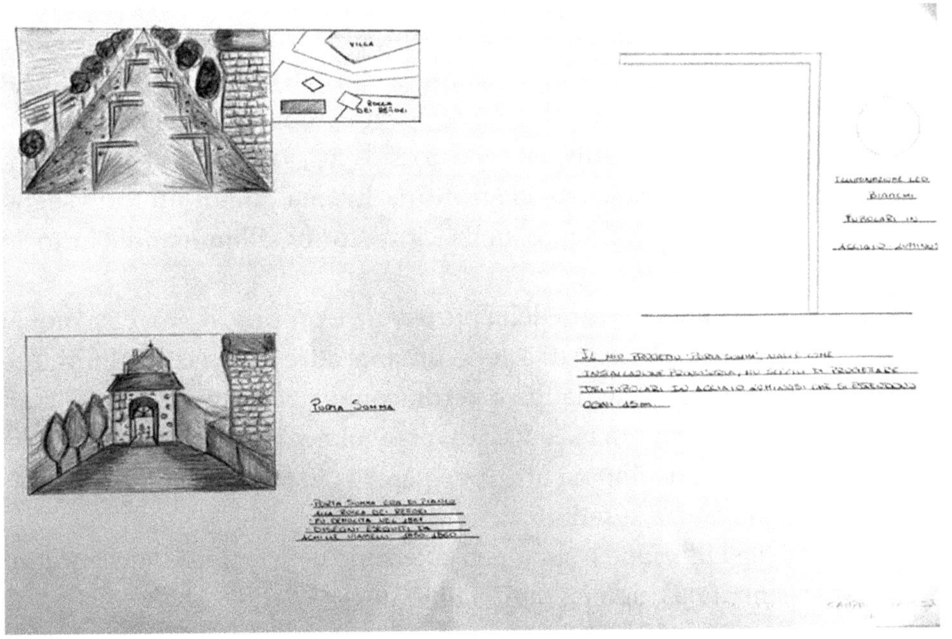

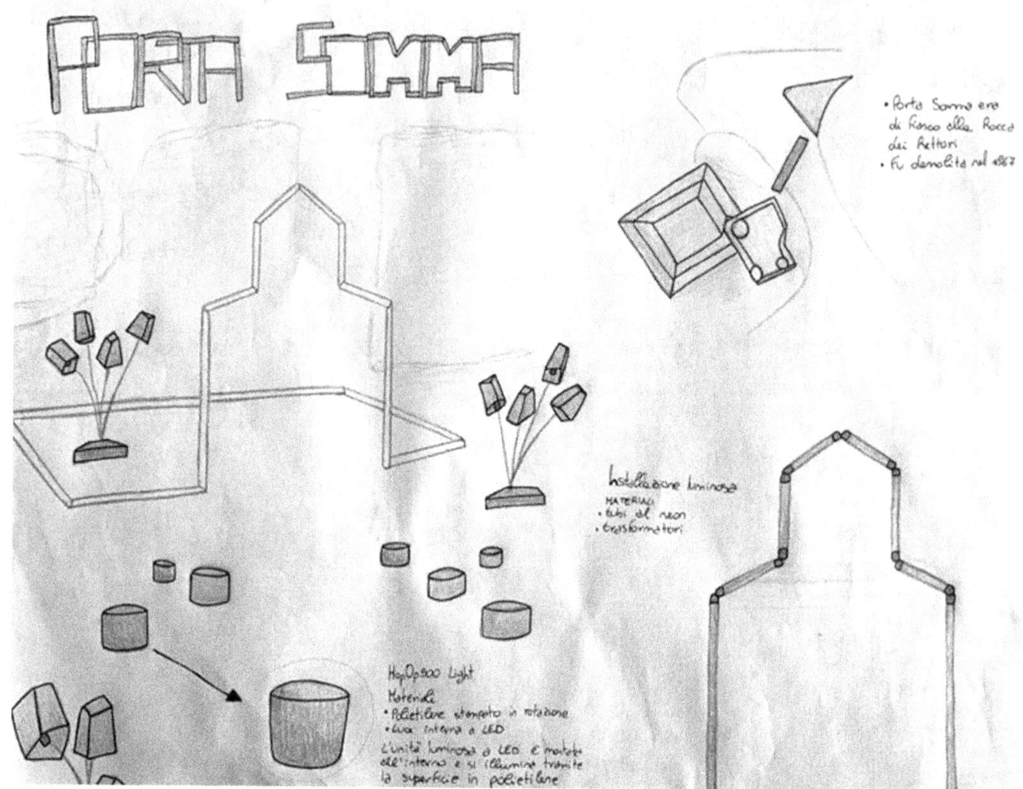

L'idea di base del progetto è creare un volume che richiami l'antica porta di accesso alla città, seguito da un allestimento urbano temporaneo.

L'installazione rispetta le misure e la forma dell'originale Porta Somma, riproducendone la sagoma e diviene un punto di passaggio pedonale. La nuova porta è un'installazione luminosa, composta da tubi al neon rossi e trasformatori che congiungono le varie parti, la struttura diventa quindi un forte segno luminoso all'interno della città storica, illuminando tutto lo spazio circostante.

Oltre alla struttura della porta vera e propria, il progetto prevede degli elementi di arredo urbano: altre installazioni luminose come lampade da terra verdi, come alberi stilizzati e dei cubi con luce interna a led, di diverse colorazioni, in polietilene, che hanno una doppia funzione perché oltre ad illuminare permettono anche la seduta.

L'installazione è stata pensata come temporanea, verrà quindi smontata dopo un tempo limitato.

Idea progettuale

L'installazione progettata prevede un'incisione su lastre di plexiglas dell'antica porta S. Lorenzo, ed è stata pensata per essere collocata tra palazzo Pedicini e palazzo Pacca.

L'incisione riprende il disegno eseguito dal francese Desprez durante il suo Grand Tour, dove si rappresenta il viale San Lorenzo con sullo sfondo la porta.

Questo disegno è l'unica rappresentazione della porta giunta fino a noi.

Le lastre di plexiglas occupano l'intero spazio in mezzo ai due palazzi, 8mx10m. Ai piedi della Porta si è anche inserita una piccola area verde divisa al centro da una stradina di sampietrini. L'installazione di notte sarà visibile grazie a fonti luminose alimentate da fotovoltaici inseriti tra le due lastre di plexiglas.

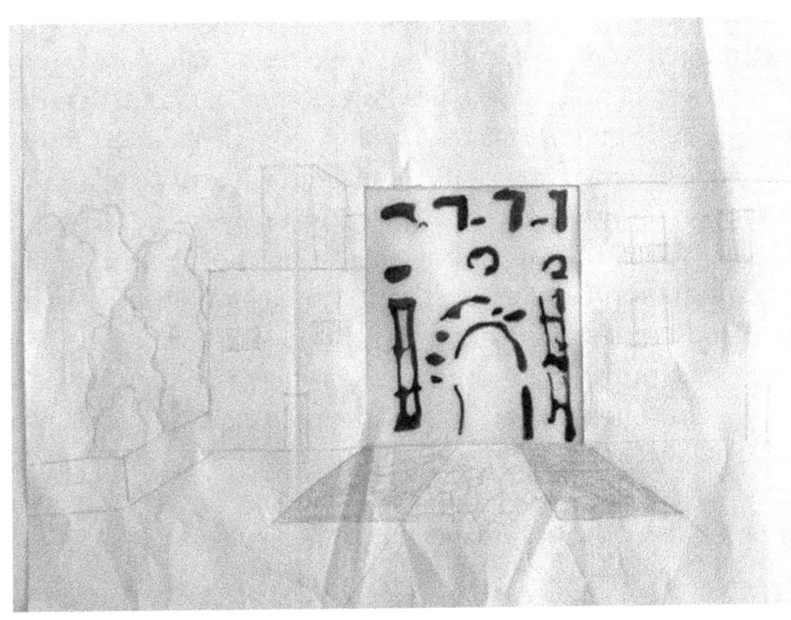

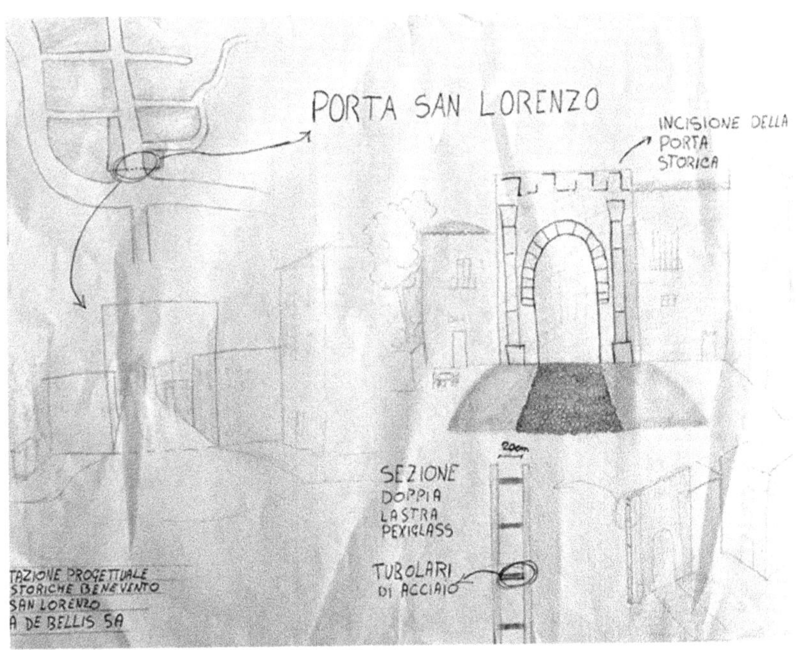

L'installazione progettata si colloca in un'area centrale della città di Benevento, nei pressi delle poste centrali, posizionata dove era stata collocata l'antica Porta Rufina. L'idea di base del progetto è appunto ricreare un volume che richiami la presenza in questo luogo in passato di una porta di accesso alla città.

Il progetto si articola in due grandi archi rivestiti di lastre di specchi. Gli archi rappresentano il contrasto tra la città del passato (la forma ad arco) e la città contemporanea (le lastre in specchio), così da ricordare chi siamo stati e chi siamo ora.

Sono state progettate misure e dimensioni tali da consentire il passaggio di pedoni e automobili in modo da non ostacolare la circolazione.

L'installazione è stata pensata come temporanea e verrà quindi rimossa dopo un periodo di tempo limitato.

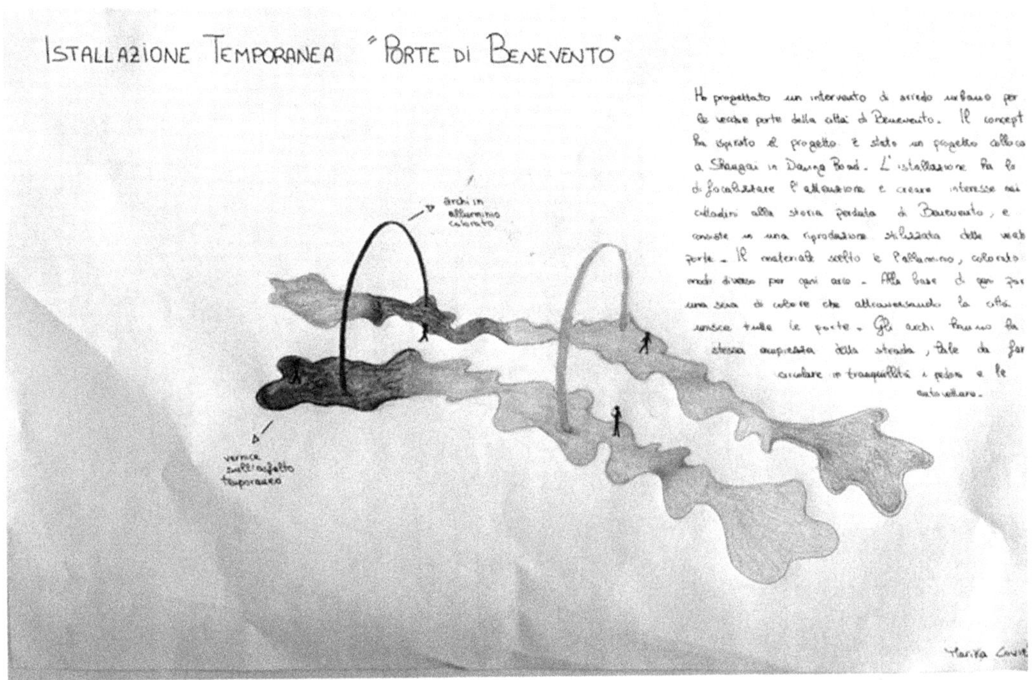

Idea progettuale

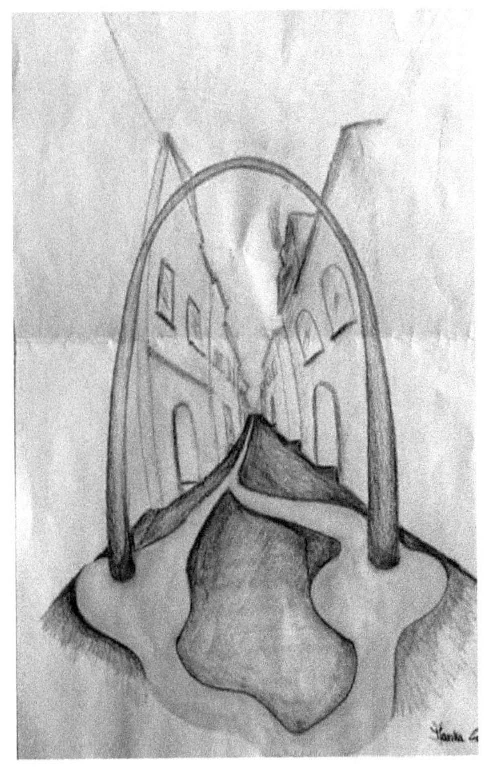

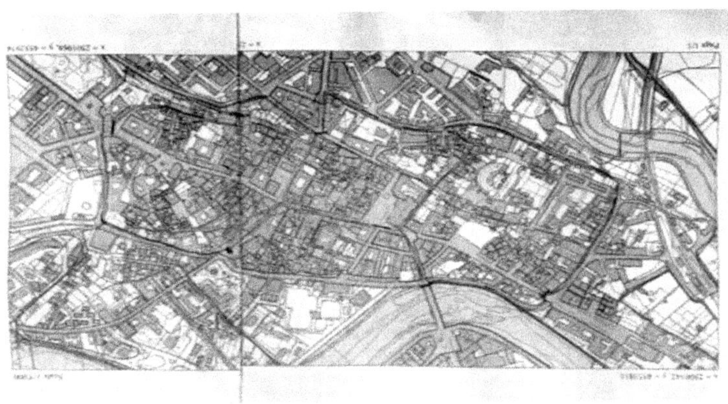

Ripresa del tracciato murario storico attraverso scie di colore

Esempio di una delle installazioni da posizionare sul sito di ogni porta storica

Modello di studio

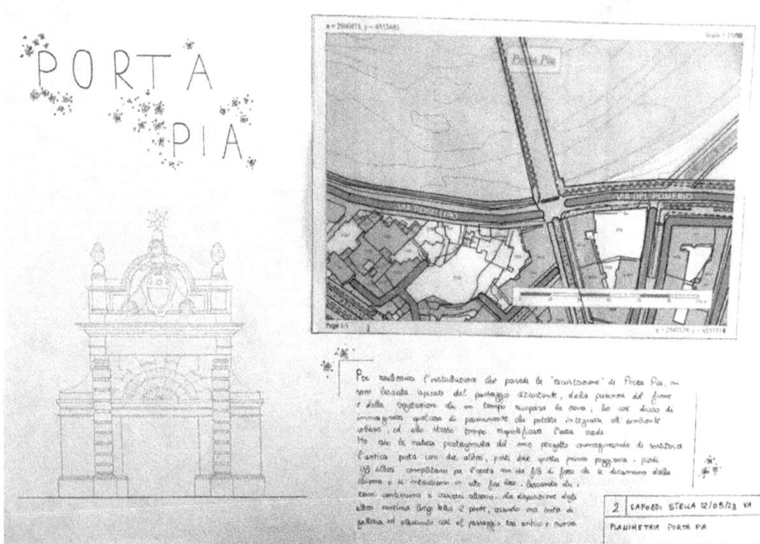

Idea progettuale

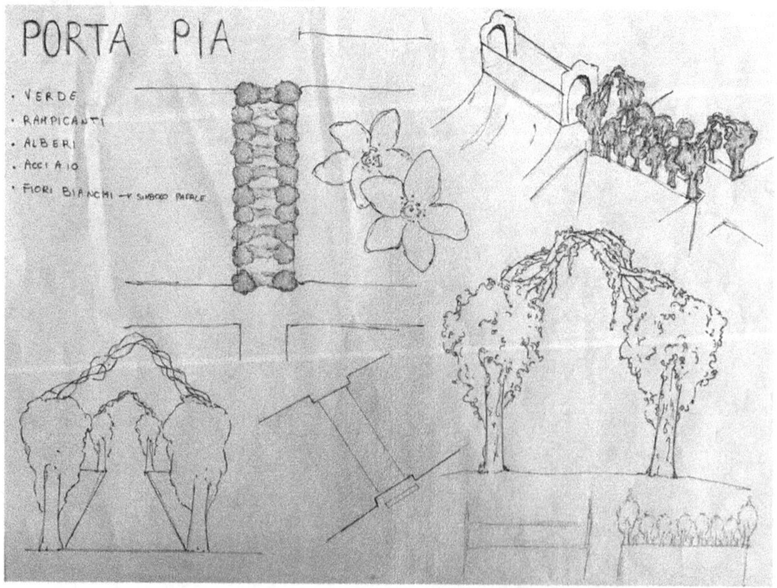

Nella pagina seguente: una foto dell'Arco di Traiano, prima dei restauri del 1890.

IMP·CAESARI·DIVI·NERVAE·F·FILIO
NERVAE·TRAIANO·OPTIMO·AVG
GERMANICO·DACICO·PONTIF·MAX·TRIB
POTEST·XVIII·IMP·VII·COS·VI·P·P
FORTISSIMO·PRINCIPI·SENATVS·P·Q·R

Movimento di opinione pubblica al servizio dei Beni Culturali e Ambientali

Ente del Terzo Settore

Sede Nazionale
Via Massaciuccoli, 12 – 00199 Roma
Tel. 06.44202250 - cell. 342.6636606

INFO: webinar@archeoclubitalia.org

www.archeoclubitalia.org

Seminari nazionali in rete

conoscenza, valorizzazione dei beni culturali e ambientali

III sessione 2023

Patrocini

Ministero della Cultura

Ministero dell'Istruzione

Ministero dell'Università

Venerdì

26 maggio, ore 18.00

Il trionfo del triglifo. L'archeologia nell'eclettismo storico.

saluti

Dott. Rosario Santanastasio,
Presidente Nazionale Archeoclub d'Italia aps

conduce

Prof. Angelo Bosco, **Direttivo sede di Benevento**

relatore

Prof. Arch. Francesco Morante,
Presidente della sede di Benevento

Il trionfo del triglifo.
L'archeologia nell'eclettismo storicistico

di **Francesco Morante**

L'Eclettismo storicistico

L'archeologia è un ambito che ha sempre suscitato notevole interesse nel grande pubblico, ed anche oggi è così. Non solo le aree archeologiche sono tra i luoghi culturali più visitati in assoluto, ma anche il cinema e la letteratura continuano a sfornare grandi narrazioni che incontrano sempre il favore del pubblico, dal Gladiatore a Indiana Jones, da Wilbur Smith a Christian Jacq, e così via.

Nel corso dell'Ottocento la mania per l'archeologia era ancora maggiore, e finiva per permeare di sé ogni ambito culturale, di spettacolo ma anche di stile e di moda. Ne abbiamo già parlato nel precedente incontro, dedicato all'Archeologia dipinta, cioè a quella produzione pittorica dell'Ottocento che aveva a soggetto le civiltà scomparse del passato, quali l'antico Egitto, l'impero romano, la mitologia greca, senza disdegnare gli assiri, i babilonesi o altri antichi popoli.

In questo revival archeologico non fu esente neanche l'architettura, ed è proprio ciò che trattiamo in questo scritto da considerarsi la naturale prosecuzione di quello sull'Archeologia dipinta, apparso nel precedente Annuario dell'Archeoclub.

Il revival storicistico era iniziato con il Neoclassicismo, a metà del XVIII secolo, e con la sua riproposizione del linguaggio classico dell'architettura, quello degli ordini usati dagli antichi greci e romani. Era poi proseguito con il neogotico, dettato dalla nuova visione del Romanticismo europeo, per dar luogo, dalla metà dell'Ottocento in poi, a quel periodo definito Eclettismo storicistico.

L'eclettismo è un momento della storia dell'architettura europea e mondiale che è stato quasi negato e cancellato dalla storiografia artistica e urbana. Il motivo è per una sorta di rifiuto generato dal Razionalismo, nome che si dà in genere alla nuova architettura che nasce nel Novecento, a questo tipo di architettu-

Il mondo antico nella produzione artistica europea tra Otto e Novecento

Il testo che qui viene pubblicato è nato da una conferenza che lo scrivente ha tenuto per i webinair organizzati dalla sede nazionale dell'Archeoclub, svoltosi in data 26 maggio 2023.
È l'ideale continuazione dell'altro webinair, dal titolo "L'Archeologia dipinta", pubblicato sull'Annuario del 2022.

Foto 1: Santuario di Maria Addolorata a Castelpetroso (IS).

ra. Rifiuto che può essere sintetizzato nel famoso slogan dell'architetto viennese Adolf Loos: "ornamento è delitto".

L'architettura dell'eclettismo si basava molto sulla ornamentazione, cioè sull'uso di elementi stilistici, tettonici ma anche plastici e pittorici, presi dalla storia dell'architettura. Si trattava di una sorta di architettura in maschera che, al proprio interno, componeva edifici sicuramente aggiornati alle funzionalità moderne, ma che all'esterno presentava elementi stilistici che ne simulavano un'apparenza di storico o di antico.

Mentre nel neoclassicismo o nel romanticismo il ricorso alla storia dell'architettura aveva radici anche ideologiche, nel periodo dell'Eclettismo l'uso della storia era molto più libero, frutto solo di capriccio o di preferenze estetiche. A volte si aveva anche una sorta di corrispondenza, non scritta o normata, tra funzione dell'edificio e stile architettonico. Le chiese di preferenza erano neogotiche, e il motivo è facile da immaginare.

Foto 2: La Casa Bianca a Washington.

Foto 3: La residenza presidenziale indiana a New Delhi.

Vediamo un edificio nel Molise, il santuario di Maria Addolorata a Castelpetroso [foto 1]. Progettato in stile neogotico da Francesco Gualandi di Bologna, la prima pietra venne posta il 22 settembre 1890 e la consacrazione avvenne il 21 settembre del 1975. Si tratta, quindi, di un edificio moderno, anche se ha un aspetto volutamente antico.

Le banche erano di stile romano, perché dovevano trasmettere un'immagine di solidità. Le ville di campagna erano rinascimentali, soprattutto per imitare lo stile del Palladio che ebbe sempre grande fortuna soprattutto nel mondo anglosassone, tanto che troviamo ville neopalladiane dall'America all'Australia, dall'India al Sudafrica e oltre. Tanto per fare un esempio molto celebre, anche la Casa Bianca, la residenza del presidente degli Stati Uniti è di stile palladiano [foto 2]. Non molto diverso è anche il caso della residenza presidenziale in India a New Delhi. Fu costruita dal famoso architetto inglese Edwin Lutyens tra il 1919 e il 1929, ed è evidente l'ispirazione all'architettura greco-romana [foto 3]. Singolare è invece il fatto che gli inglesi, in Inghilterra, adottino, per le loro costruzioni, stili più esotici, come nel caso del famoso Royal Pavilion di Brighton costruito in stile orientale agli inizi dell'Ottocento [foto 4].

Le borse valori e i castelli erano sempre di stile neoromanico. Anche le prime stazioni ferroviarie assomigliavano a cattedrali, anche se erano fatte di acciaio e vetro, con la tecnica delle serre agricole. I teatri e i locali di spettacolo oscillavano tra lo stile rinascimentale e il barocco. Caso celebre è sicuramente il Teatro dell'Opera di Parigi, costruito tra il 1861 e il 1875 dall'architetto Charles Garnier [foto 5].

Ovviamente non c'era alcuna norma da rispettare, per cui si potevano avere edifici anche con stili diversi e spesso, nello stesso edificio, l'architetto si divertiva a unire più stili, ottenendo anche *pastiche* qualche volta interessanti, altre volte molto stucchevoli.

Considerando che il periodo in esame è quello di una notevole crescita urbana delle città di tutta Europa, questo stile eclettico in realtà è tutt'altro che un fatto isolato o episodico. In Italia coincide con il periodo postunitario, e con quello stile una volta chiamato "umbertino" dal nome del re Umberto I e che ha lo stesso significato dispregiativo dell'aggettivo "vittoriano" usato in Inghilterra.

Per sgomberare il campo da possibili equivoci, il sottoscritto non ritiene quella dell'Eclettismo un'architettura interessante in sé, né intende rivalutarla, ma qui vuole solo mostrare come anche l'archeologia, con tutto il suo bagaglio di forme e di simboli, abbia contribuito a questa architettura, concorrendo altresì a costruire tutto quel bagaglio visivo, di forme e di simboli, che ci circonda anche nello spazio fisico delle città.

La Sinagoga di Roma

Partiamo da un edificio, non a tutti noto, che è la Sinagoga di Roma [foto 6]. Questo edificio sorge in prossimità del quartiere ebraico, il famoso ghetto fatto istituire da papa Paolo IV Carafa. Sta, in pratica, tra l'Isola Tiberina e il Ghetto. Fu costruito tra il 1901 e il 1904, proprio in pieno periodo eclettico. Fu progettato dagli architetti Vincenzo Costa e Osvaldo Armanni.

In pratica, la consegna che gli architetti avevano ricevuto dalla Commissione Edilizia era di fare un edificio che non potesse confondersi, stilisticamente, con una chiesa. Siamo a Roma, dove di chiese ne esistono di tutti i tipi e di tutte le epoche, per cui progettare un edificio di culto, che non sembrasse una chiesa, non era la cosa più facile da farsi. A tal proposito, nel pieno spirito dell'Eclettismo del tempo, i due architetti si inventarono uno stile originale, che venne impropriamente etichettato come "assiro-babilonese", giusto per sgomberare il campo da possibili equivoci. In sommità non fu messa una cupola (che sapeva troppo di "chiesa") ma fu collocata una volta a padiglione, come del resto era già stato fatto con la Mole Antonelliana, che in origine doveva essere anch'essa una sinagoga. In effetti, per quanto possa apparire strano, le sinagoghe ebraiche non hanno un loro stile architettonico codificato, per cui l'idea di uno stile assiro-babilonese, per quanto di fantasia, si giustificava per il fatto che le prime sinagoghe sarebbero comparse proprio durante l'esilio babilonese degli ebrei, nel VI

Foto 7: La Sinagoga di Roma, particolare della facciata.

secolo a.C.

Ma andiamo ad osservare i capitelli che sono stati disegnati per questo edificio [foto 7]. Se si osserva con attenzione, al centro c'è un elemento, che certo non ha nulla a che fare con il presunto stile assiro-babilonese: si tratta di un triglifo.

I triglifi

Il triglifo, come è stato definito del passato, è il contrassegno più nobile dello stile dorico, il più diffuso stile architettonico degli antichi greci [foto 8]. Lo ritroviamo nella decorazione della trabeazione, alternandosi a quei bassorilievi chiamati meto-

Foto 8: Particolare della trabeazione del Partenone, ad Atene, con due triglifi e una metopa.

Foto 9: Monticello, residenza di
Thomas Jefferson a Monticello in
Virginia (USA).

pe. Molto si è anche discusso e scritto sul come e sul perché
sia nato questo segno stilistico. Tuttavia, di là della sua genesi,
questo particolare è diventato in pratica autonomo, tanto che è
stato spesso usato anche fuori dal contesto "dorico". Il fatto che
lo si trovi anche nei capitelli della sinagoga, ovviamente in un
contesto "sbagliato" perché il triglifo era parte della trabeazione e non dei capitelli, ci racconta, come dice il titolo di questa
conferenza, il trionfo del triglifo. Non è una semplice decorazione: è proprio il sigillo della nobiltà architettonica.

Sul triglifo, e sulla sua fortuna architettonica, si potrebbero
scrivere libri. I triglifi sono dappertutto, anche senza le metope,
di cui prima erano compagni inseparabili. Giusto per fare qualche esempio, osserviamo qualche edificio.

In questa foto [foto 9] c'è un altro edificio americano molto
famoso, noto con il nome di Monticello. Si tratta della residenza
del terzo presidente degli Stati Uniti, Thomas Jefferson, che
egli stesso progettò tra il 1768 e il 1770. Come si nota, i triglifi
sono utilizzati anche senza le metope, creando questa partitura
molto elegante.

Foto 10: Il Cisternone di Livorno.

In quest'altra foto [foto 10],
potete osservare un altro famoso edificio, il Cisternone di
Livorno, realizzato tra il 1829 e
il 1842 dall'architetto Pasquale
Poccianti. Anche qui possiamo
osservare come il portico a mo'
di pronao sia decorato con una
serie di soli triglifi.

Torniamo all'eclettismo e alla
sua messa in scena dell'arche-

Foto 11: La tomba di Giuseppe Mazzini nel Cimitero di Staglieno a Genova.

Foto 12: L'Edicola Bruni nel Cimitero monumentale di Milano.

ologia. Benché, come detto, il periodo dell'Eclettismo copre meno di un secolo, la sua diffusione è stata molto estesa e pervasiva, dato il grande boom edilizio di quel periodo. Non solo questa architettura caratterizza tutti gli ampliamenti urbani del periodo, ma si ritrova, anche con più fantasia e originalità, in alcuni contesti particolari.

L'eclettismo dei camposanti

Uno dei luoghi dove l'eclettismo ha liberato tutta la sua fantasia sono stati i cimiteri. Questi luoghi, come è noto, nascono proprio nell'Ottocento. La possibilità, data soprattutto alle famiglie benestanti, di costruire una cappella di famiglia, fece nascere nei cimiteri delle cittadine in miniatura, quasi sempre in stili antichi. Se si va in qualsiasi cimitero italiano, dai più piccoli ai più grandi e monumentali, c'è sempre un centro storico del cimitero, dove ci sono cappelline di stile neoclassico o neogotico o in altro stile.

Di stile neoclassico è ad esempio la tomba di Mazzini nel Cimitero di Staglieno a Genova, realizzata in stile neodorico dall'architetto Grasso nel 1874 [foto 11].

Anche l'Egitto può fornire spunti per un'architettura cimiteriale. In questa foto vediamo l'Edicola Bruni nel cimitero monumentale di Milano, realizzata in stile neoegizio nel 1876 dall'architetto Angelo Colla e dallo scultore Giulio Monteverde [foto 12].

Vediamo infine una cappella presente nel cimitero di Porto Empedocle in Sicilia, nota come la tomba di Donna Concettina Melluso che chiamò un architetto da Milano proprio per farsi fare una cappella che somigliasse alle grandi cattedrali gotiche che lei amava [foto 13].

Ma questi sono solo esempi minimi di quel vasto atlante di architetture storicistiche che si possono trovare in tutti i cimiteri d'Italia.

Le fiere e i padiglioni

Un'altra occasione per produrre molta architettura eclettica, fu data dalla nascita, e dalla grande diffusione, delle fiere e delle esposizioni. Dopo l'esposizione universale di Londra del 1851, questo settore conobbe una diffusione in tutto il mondo, con vaste aree, soprattutto nelle grandi metropoli, destinate ad ospitare questi eventi. In genere, a differenza di quanto fatto a Londra, dove un unico grande edificio, la famosa gigantesca serra di Paxton, ospitava l'intero evento espositivo, nelle aree delle fiere venivano costruiti padiglioni più piccoli, sempre di stili vari, secondo la tendenza propria dell'Eclettismo. Purtroppo, la gran parte di questa produzione oggi non esiste più, perché questi padiglioni nascevano già in partenza con un carattere effimero. Il più delle volte venivano demoliti appena finiva una fiera.

Vediamo uno degli esempi tipici di questa architettura fieristica, che ci tocca da vicino, perché era il padiglione della Provincia di Benevento per l'Esposizione di Igiene di Napoli del 1900. Fu progettato da Almerico Meomartini e, come si può vedere era l'Arco di Traiano, trasformato da arco bifronte ad arco quadrifronte, con una piccola cupola per coprire lo spazio interno [foto 14].

Il 12 aprile del 1929 veniva inaugurato il nuovo padiglione del Sannio nella Fiera di Milano. Era stato progettato in uno stile neogotico, che molto poco ha di sannita, dall'architetto di origini svizzere Paolo Vietti Violi [foto 15].

Foto 13: *Cappella Melluso nel Cimitero di Porto Empedocle.*

Foto 14: *Veduta aerea della Esposizione d'Igiene a Napoli nel 1900.*

Foto 15: *Il padiglione del Sannio ulla Fiera di Milano.*

Foto 16: Padiglione chiamato La Nave Romana all'Esposizione di Roma del 1911.

In altri casi, la corrispondenza tra eclettismo architettonico e specificità dei luoghi è avvenuta in maniera molto più coerente. Caso celebre è, ad esempio, la grande esposizione che si tenne a Roma nel 1911, in pieno Eclettismo, per i 50 anni dell'Unità d'Italia. Il settore regionale si componeva di vari padiglioni costruiti con chiari riferimenti alle architetture presenti sul territorio. Si andava così dal barocco vanvitelliano per la Campania, al romanico per Puglia, al gotico per la Liguria o per l'Umbria. In questo multiforme viaggio architettonico, tipo Italia in miniatura, spiccava anche un singolare padiglione classicheggiante a forma di battello, chiamato appunto "La Nave Romana" [foto 16].

Le navi da crociera

Purtroppo, di questa architettura oggi non rimane più nulla, se non qualche foto, in quanto questi padiglioni erano costruiti già in partenza con una vita effimera, legata solo all'evento espositivo. Tra le architetture "effimere" del tempo, c'è da annoverare anche un altro ambito: quello delle navi da crociera.

Come è noto la prima crociera fu tenuta nel 1833, con una nave, chiamata Francesco I, appositamente costruita a Castellammare di Stabia. Questa crociera avvenne nel Mediterraneo orientale, sulla rotta che ancora oggi percorrono le navi da crociera, toccando la Sicilia classica, la Grecia e la Turchia. Appartiene a Napoli anche il primato della prima crociera transatlantica, che si tenne nel 1854 con la nave Sicilia.

Foto 17: Il Salone delle Feste sul piroscafo Il Conte Biancamano.

Ma si trattava ancora di un fenomeno isolato e d'élite. L'epoca d'oro delle crociere iniziò a fine Ottocento, quando nel settore investirono grandi risorse alcuni armatori tedeschi, subito seguiti da americani e inglesi. Gli italiani recuperarono il *gap*, agli inizi del Novecento, iniziando a produrre nuove navi da crociera, contraddistinte da un design e un lusso decisamente superiore. I primi grandi transatlantici furono costruiti a Genova dal Lloyd Sabaudo. I primi lussuosi piroscafi furono il Conte Rosso e il Conte Verde, ai quali seguirono il Conte Biancamano e il Gran Conte [foto 17].

Giusto una curiosità. Su queste navi hanno viaggiato tutti i vip e le personalità del tempo, tra le quali anche Jules Rimet, l'inventore dei Campionati Mondiali di Calcio. I primi campionati, come è noto, si tennero in Uruguay nel 1930 e Jules Rimet si imbarcò proprio sul Conte Verde, per andare dall'Europa a Montevideo, portando con sé, in una valigia, la coppa d'oro, che ancora porta il suo nome, destinata alla squadra che avesse vinto i campionati.

Peccato che di queste navi non sia rimasto altro che rarissime foto, visto che sono state tutte smantellate, perché dovevano essere davvero di gran lusso. E, secondo il gusto del tempo, tutti i loro arredi erano in stile eclettico, dove anche l'archeologia aveva un ruolo notevole. Non credo che sia mai stata fatta una ricerca del genere, ma si potrebbe davvero parlare di archeologia galleggiante, o archeologia di crociera, per indicare i lussuosi ambienti di questi transatlantici.

Foto 18: La piscina del piroscafo tedesco Imperator.

Come per gli edifici, anche per gli ambienti delle navi esisteva una convenzione tacita sulla scelta degli stili da dare ai
diversi spazi. Le sale da fumo dovevano essere di stile "more-
sco", le sale da pranzo di stile rinascimentale, i saloni da feste
rigorosamente barocchi. Le cabine, poi, da mille e una notte.
Con più libertà si potevano realizzare le verande o altri ambienti della nave.

Osserviamo questa foto [foto 18]. Si tratta della piscina interna del transatlantico tedesco Imperator, costruito nel 1913
ad Amburgo. Come si può vedere, è chiaramente di stile pompeiano. La somiglianza con quella grande vasca chiamata *im-
pluvium*, circondata dalle colonne del peristilio, non è certo ca-
suale. Ma del resto, chi viaggiava su queste navi era proprio ciò
che voleva: questa raffinatezza aristocratica fatta soprattutto di
lusso e di storia.

Gino Coppedè

Tra i progettisti di queste navi da crociera, troviamo anche
un nome particolare, quello di Gino Coppedè. In collaborazione con il fratello Adolfo, anch'egli architetto, a partire dal 1914
progettò i saloni di prima classe del Conte Rosso. E, sempre,
per il Lloyd Sabaudo, tra il 1923 e il 1927, disegnò arredi sia
per il Conte Verde (1923), sia per il Conte Biancamano, sia per
il Conte Grande.

Gino Coppedè era nato a Firenze nel 1866 ed è stato uno
degli architetti più prolifici del suo tempo, inondando di edifici

Foto 19: Il rione Coppedè a Roma.

"in maschera" tutta la penisola. Il suo eclettismo era assoluto, portandolo a mischiare così bene i vari stili che alla fine ne veniva fuori uno stile tutto suo. Ma, in ogni caso, il decorativismo di facciata era sempre curatissimo e ridondante.

Benché ricco e famoso in vita, dopo la sua scomparsa, avvenuta a Roma nel 1927, è un po' caduto nell'oblio, soprattutto da parte della storiografica artistica, che non lo ha mai davvero apprezzato. Il suo nome rimane legato ad un quartiere di Roma, da lui progettato, e che oggi porta proprio il suo nome: il rione Coppedè [foto 19 e 20].

Foto 20: Il rione Coppedè a Roma.

Foto 21: Il Castello Cova a Milano.

In effetti, come spesso succede per gli edifici di questi architetti, la loro organizzazione spaziale e funzionale è molto moderna. All'interno gli edifici sono funzionali e molto razionali. Ciò che non torna è l'aspetto esterno, che è volutamente concepito come un vestito in maschera. Un vestito che doveva dare agli edifici, e soprattutto agli spazi urbani, l'apparenza di qualcosa di antico. Del resto ne era cosciente lo stesso Coppedè, visto che su una delle facciate di questi edifici fece scolpire il motto latino: *Artis praecepta recentis / Maiorum exempla ostendo* (mostro gli esempi degli antichi come regole dell'arte moderna).

Oggi, guardando questi edifici, soprattutto nei dettagli delle facciate, se li confrontiamo ai tanti edifici che oggi hanno invaso le periferie delle città, appare evidente che il tempo ha valorizzato questa architettura più di tanta altra.

Vediamo un ultimo edificio, noto come il Castello Cova [foto 21]. Siamo a Milano e questo edificio fu progettato da Adolfo Coppedè, fratello di Gino, e realizzato tra il 1910 e il 1915. Qui vediamo sintetizzato, in maniera esemplare, il senso di questa architettura eclettica. L'edificio è moderno come struttura, in cemento armato, e come funzionalità, distribuito all'interno secondo le moderne esigenze abitative. Poteva tranquillamente essere anche nell'aspetto un edificio più sobrio e moderno, ma, secondo il gusto dell'architetto, e dei committenti, si scelse questo aspetto medievale, così da "nobilitarlo" con un vestito che sa di passato aristocratico.

Piero Fornasetti

Concludiamo questo percorso nell'eclettismo, restando a Milano e parlando di un artista che più milanese non potrebbe essere: Piero Fornasetti. Anche lui, grazie all'amicizia con Giò Ponti, ha lavorato nell'arredamento dei grandi transatlantici, e, come Gino Coppedè, anche lui non ha mai avuto una grande fortuna critica, nel campo della storiografia artistica.

Tuttavia la sua produzione riscuote, ancora oggi, un successo enorme, soprattutto in quelle élites che hanno grande disponibilità economica. È divenuto quasi il simbolo di una nuova aristocrazia moderna ed urbana.

La sua arte si basa sul connubio tra tecniche di stampa e design. Iniziò la sua carriera, infatti, nel campo della stampa, acquisendo vasta e profonda competenza delle tecniche sia antiche che moderne. Quando passò, negli anni Quaranta, al mondo più vasto del design, utilizzò il segno tipico delle incisioni tramite lastra, per decorare i suoi oggetti. Ne nacque uno stile originale, un po' come fece qualche decennio dopo Roy Lichtenstein, usando per i suoi quadri il retino tipografico usato dagli stampatori di fumetti. Fornasetti non guarda ai fumetti, ma prende ispirazione dalle stampe, soprattutto del XIX secolo, realizzate a bulino, utilizzando e spesso ingrandendo questo segno, anche se poi lo stampa tramite serigrafia sui suoi oggetti e mobili. La sua è quindi una scelta stilistica, non tecnica, ma che gli permette di fare infinite variazioni pur utilizzando pochi temi. Uno dei suoi temi, più utilizzato e famoso, nasce da centinaia e centinaia di variazioni partendo dal volto, stilizzato, dell'attrice Lina Cavalieri.

Nel 1951 presentò alla Triennale di Milano il famoso Trumeau "Architettura" [foto 22], realizzato con Giò Ponti. Si tratta di un oggetto molto iconico, ancora oggi prodotto dalla ditta Fornasetti, con metodi artigianali. È tutto laccato e serigrafato con immagine di architetture rinascimentali, che sembrano copiate dai trattati e dai manuali di architettura dell'Ottocento.

Da questo momento Fornasetti inizierà a produrre mobili e complementi di arredo dove, come si può osservare, ritroviamo proprio il triglifo [foto 23]. Lo troviamo nei mobili, ma lo troviamo anche nelle sue originali carte da parati, come questa che riproduce il

Foto 22: *Il trumeau Architettura di Piero Fornasetti e Giò Ponti.*

Foto 23: Cabinet piccolo rialzato, serie Architettura, della ditta Fornasetti.

disegno della facciata delle Procuratie di piazza San Marco a Venezia [foto 24].

In conclusione di questo breve percorso, sul rapporto tra archeologia e architettura, possiamo dire che il triglifo è ancora vivo e vegeto, e rimane quasi come un gene eterno del DNA dell'architettura, a prescindere da qualsiasi moda o oscillazione del gusto.

Foto 24: Carta da parati serie Procuratie di Venezia, della ditta Fornasetti.

SALOTTI SOTTO LE STELLE

Anche nel 2023 sono state numerose le iniziative in collaborazione tra l'Archeoclub di Benevento e la Fagianella. Per coloro che hanno trascorso il mese di agosto in città, è stato predisposto un mini cartellone, con cinque appuntamenti, svolti all'aperto, di sera, per assaporare, in compagnia, qualche ora spensierata, in una cornice di verde e di stelle.

Martedì 8 agosto, il primo incontro, tenuto da Maria Rosaria Marotti e Francesco Morante, sul tema del vino. Si è parlato soprattutto di quella cultura popolare, ricca di figure e di aneddoti, che popolava il mondo delle cantine, oggi totalmente scomparso. Sul tema "alcolico" un secondo incontro è stato tenuto, sempre da Marotti e Morante, il 17 agosto: ad essere esaminato questa volta è il mondo dei liquori e dei cocktail. Non bisogna infatti dimenticare che Benevento è famosa nel mondo soprattutto per un liquore, lo Strega, al centro anch'esso di una storia importante.

Partendo dal mondo delle streghe, al quale di recente l'Archeoclub ha dedicato un libro, è stata proposta la visione del film "Cuore Selvaggio" di David Lynch. A presentarlo è stato il critico Michele Moccia, che ha spiegato il sottile rapporto che lega questo film al mondo delle streghe.

Un secondo film è stato proiettato il 23 agosto: "I racconti di Canterbury" di Pier Paolo Pasolini. Per questo film, il regista subì un processo, qui a Benevento, nel 1972, nel quale venne pienamente assolto. A presentarlo sono stati il giudice Alfonso Bosco, al tempo componente il collegio giudicante di quel processo, e l'artista Alessandro Rillo, che nel 2022 ha tenuto una significativa mostra, dedicata a Pier Paolo Pasolini, a Palazzo Paolo V.

La breve rassegna si è completata con un salotto culturale, lunedì 21 agosto, con la scrittrice Isabella Pedicini, che ha parlato del suo ultimo libro dedicato al grande fotografo napoletano Mimmo Jodice: un viaggio nella fotografia d'autore, ma soprattutto nella biografia di uno dei maggiori artisti viventi presenti nella nostra regione.

Maria Rosaria Marotti e Francesco Morante, durante il salotto WINE STYLE dell'8 agosto 2023

LA FAGIANELLA

Agosto 2023

SALOTTI SOTTO LE STELLE

art director_FRANCESCO MORANTE

martedì_8 agosto_ore 20:30

WINE STYLE

con Maria Rosaria Marotti e Francesco Morante

giovedì_10 agosto_ore 20:30

Film: CUORE SELVAGGIO

di David Lynch_presenta Michele Moccia

giovedì_17 agosto_ore 20:30

SERATA COCKTAIL

con Maria Rosaria Marotti e Francesco Morante

lunedì_21 agosto_ore 20:30

MIMMO JODICE, SALDAMENTE SULLE NUVOLE

con Isabella Pedicini

mercoledì_23 agosto_ore 20:30

Film: I RACCONTI DI CANTERBURY

di Pier Paolo Pasolini_presentano Alfonso Bosco e Alessandro Rillo

Gli eventi sono previsti all'aperto, in caso di difficoltà meteo si terranno nella ClubHouse

Si trattò di un osceno non condannabile ed in omaggio al principio di libertà dell'artista lo Stato rinunciò all'aspetto punitivo

di **Alfredo Pietronigro**

L'ultimo appuntamento con la rassegna «Salotti sotto le stelle», organizzata a «La Fagianella» nel suo spazio cinema, in collaborazione con l'Archeoclub di Benevento, ha avuto come protagonista il film di Pier Paolo Pasolini, «I racconti di Canterbury» (1971) ma soprattutto è stato lo spunto per il racconto, con particolari interessanti ed inediti, narrato da Alfonso Bosco che all'epoca, 1972, fu componente del Collegio del Tribunale di Benevento che fu indicato quale sede giurisdizionale per il processo che fu intentato a carico di Pier Paolo Pasolini, regista, di Alberto Grimaldi, produttore e di Salvatore Iannelli, gestore del cinema-teatro Comunale «Vittorio Emmanuele» dove si tenne l'anteprima nazionale del film.

L'accusa era di palesi oscenità riscontrate nella pellicola da uno spettatore.

Questa accusa fu archiviata ma il processo si tenne comunque perché la Procura della Repubblica dovette ritornare sulla sua originaria decisione di chiedere l'archiviazione in quanto contro il film si era schierata la Procura di Firenze che con i suoi sostituti aveva formulato l'accusa.

Il processo si tenne a Benevento proprio perché qui era stato proiettato per la prima volta il film a livello nazionale.

Dunque un appuntamento importante quello voluto dall'Archeoclub che ha spinto il presidente de «La Fagianella», Biagio Prisco, a dichiarare che si sta già lavorando tra i due sodalizi per elaborare un programma di manifestazioni per il prossimo autunno-inverno che tenga conto di ciascuno dei tre filoni portati avanti da «La Fagianella».

Francesco Morante, presidente dell'Archeoclub ed ispiratore ed ideatore di queste interessanti serate, ha voluto ricordare che questi racconti medievali nacquero nel lockdown dell'epoca che si tenne per via della peste e dunque questi racconti che venivano letti in ambiti ristretti nelle lunghe giornate

A «La Fagianella» nell'ambito della rassegna dell'Archeoclub, Alfonso Bosco dà la motivazione della sentenza del 1972 che mandò libero Pier Paolo Pasolini, Alberto Grimaldi e Salvatore Iannelli dei reati loro ascritti per le denunciate oscenità riscontrate nel film «I racconti di Canterbury"

Alfonso Bosco

Pier Paolo Pasolini.

delle restrizioni, vennero poi raccolti in antologie e nacquero «Il Fiore delle Mille e una notte», il «Decamerone» ed i «Racconti di Canterbury», appunto, racconti di storie che inneggiavano alla vita e dove il sesso veniva rappresentato in maniera caravaggesca, ha detto Morante e cioè con il massimo del suo realismo.

Il confronto può essere fatto con la rappresentazione patinata del Medioevo che ne fece invece Franco Zeffirelli che fu più velato rispetto a Pasolini.

Di questo episodio del processo a Benevento a Pasolini, si è ricordato Alessandro Rillo mentre Alfonso Bosco fu uno dei magistrati del collegio giudicante che assolse Pasolini e gli altri con una sentenza che fece storia.

Alessandro Rillo ha ricordato la mostra e l'evento che egli, a Palazzo Paolo V, ha dedicato a questa storia.

Ad Ostuni dove pure la mostra è stata proposta, ha detto Rillo, c'è stato un vero e proprio test di quanto il regista fosse amato anche se il suo pensiero non viene studiato nelle scuole superiori e neanche viene esaminata la sua genialità.

Pasolini fu il precursore dei difetti della comunicazione che viviamo oggi con la prepotente avanzata dei social. Egli denunciò la falsa comunicazione già negli anni Settanta.

Morante nell'intervenire nuovamente ha detto che compito dei due sodalizi già a partire dal prossimo anno sarà anche quello di coinvolgere il più possibile le nuove generazioni visto che con ogni probabilità di personaggi come Pasolini non conoscono neppure la esistenza se non per studi ed approfondimenti personali.

A questo punto la parola è passata ad Alfonso Bosco, uno dei tre giudici (gli altri due furono Daniele Cusani e Bruno Rotili) che nel 1972 assolse Pasolini.

Una sentenza giusta, gli è stato chiesto?

Penso di sì anche perché essa poi è stata confermata sia in Appello che in Cassazione.

Bosco ha ricordato che il 2 settembre del 1972 venne proiettata la pellicola al Cinema Teatro comunale «Vittorio Emmanuele» di Benevento in anteprima nazionale e quindi gli eventuali reati commessi con questa proiezione si radicarono a Benevento.

Una prima denuncia giunse due giorni dopo la proiezione ma per essa la Procura della Repubblica chiese ed ottenne l'archiviazione e questo consentì al film di essere proiettato in tutta Italia.

Poi vi furono altre denunce ma nessuna attivata da beneventani. Quella che giunse da Firenze, invece, organizzata da quella Procura della Repubblica, fu molto specifica, ha proseguito Bosco e chiedeva appunto il rinvio a giudizio per gli autori degli ipotizzati reati.

La Procura beneventana chiese allora la revoca della archiviazione e si andò avanti con il rinvio a giudizio di Pasolini, Grimaldi e Iannelli con il rito direttissimo.

Il successivo 20 ottobre fummo già in grado di emettere la sentenza dopo 3 o 4 udienze che tenemmo sia in mattinata che nel pomeriggio, ha proseguito Bosco.

Il processo fu anche mediatico perché seguito dagli organi di informazione che volevano sapere di Pasolini, un personaggio certamente noto ma divisivo, discutibile ed inviso anche alla Chiesa tradizionale. Il regista però fu anche un personaggio poliedrico e di elevato spessore culturale. Fu anche un traduttore, un giornalista e attivista politico con il Pci.

La sentenza di assoluzione in pratica fu anticipata dalla valutazione dell'assunto che il potere punitivo dello Stato fosse contrapposto all'art. 33 della Costituzione dove si sottolinea che l'arte e la scienza sono libere.

Il punto di incontro di queste due esigenze fu ritrovato nell'art. 529 del Codice Penale (poi modificato ndr) il quale afferma che agli effetti della legge penale, si considerano osceni gli atti e gli oggetti che, secondo il comune sentimento, offendono il pudore. Non però sono considerate oscene le opere d'arte e di scienza.

Questo consentì al Collegio giudicante di procedere all'assoluzione dopo aver esaminato tutte le scene che la Procura di Firenze, con dovizia di particolari, aveva segnalato come oscene. In pratica si concluse che l'azione di Pasolini fu pedagogica in quanto voleva indurre l'umanità a meditare sul degrado che l'aveva oramai aggredita.

Sulla base di queste considerazioni gli elementi positivi furono riscontrati superiori alle poche scene che potevano essere di critica e quindi ci fu l'assoluzione che resse poi ai vari gradi di giudizio.

Potremmo dire, ha concluso Bosco, che si trattò di un osceno non punibile. In omaggio al principio della libertà dell'artista, lo Stato rinunciò all'aspetto punitivo.

Santa Sofia e i suoi (poco noti) paradossi

di GIACOMO DE ANTONELLIS

Una "Sapienza" religiosa e storica tipicamente beneventana

Gioiello universale di Benevento, la chiesa di **Santa Sofia** possiede una storia bellissima, esaltata dai suoi risvolti artistici ed architettonici e documentata da tante vicende ecclesiastiche tra le quali però emergono interessanti paradossi, raramente sottolineati dalla pubblicistica. Citiamo: il nome e il fondatore, l'ubicazione, l'assetto originario, il monastero, le reliquie, le proprietà, le commendatizie, la funzione civica, il ruolo pastorale a più riprese modificato nel giro dei secoli. Scendiamo nei dettagli.

Il titolo. La denominazione Sofia non riguarda un attestato battesimale in quanto traduzione della parola ellenica "Sapienza". Scriveva infatti Erchemperto nella sua *Historia Longobardorum*[1]: Arechi fondò tra le mura di Benevento anche un Tempio assai ricco e decorato che intitolò Santa Sofia, traduzione dell'espressione greca *Αγιαμ Σοφίαμ* cioè Sacra Sapienza. Con tutta probabilità il principe longobardo intendeva celebrare la cultura acquisita durante un suo soggiorno in Bisanzio. Tuttavia esiste un legame tra Benevento e l'autentica Santa chiamata Sofia, matrona milanese che viveva nella Roma pagana del secondo secolo con lo sposo senatore Filandro e tre figlie (battezzate come Fede, Speranza, Carità). Era il tempo dell'imperatore Adriano[2]. Alla prematura scomparsa del capofamiglia, le quattro donne furono denunciate come cristiane, imprigionate e torturate; le fanciulle di appena 12, 10 e 9 anni vennero decapitate per prime e i loro corpi consegnati alla madre. Ella, macerata nello spirito e dilaniata fisicamente, spirò dopo aver pregato tre giorni nelle catacombe di San Pancrazio lungo la via Aurelia. Sofia fu dichiarata santa e martire da papa Sisto I e Benevento intese onorare la martire Sofia intitolandole una chiesa oltre la cinta muraria, poi andata in rovina in circostanza ignote.

La fondazione. Chi fu l'ideatore del monumentale edificio religioso? Certamente non Gisulfo I, ottavo duca dei Longobar-

---

[1] Vale a dire: "Arechi fondò tra le mura di Benevento anche un Tempio ricchissimo e decoratissimo che, dall'espressione greca *Αγιαμ Σοφίαμ* che significa Santa Sapienza, intitolò Santa Sofia". Erchemperto, *Historia Longobardorum*, Monumenta Germaniae Historica, p. 236, Hannover 1878.

[2] Particolari in Mario Girardi, *Studi su S. Sofia*, Vetera Christianorum, Gioia del Colle 1983-1989.

di. L'opera e il relativo finanziamento sono merito esclusivo di Arechi II, come precisano due fonti coeve, determinanti: gli *Annales Beneventani* e il *Liber Praeceptorum Monasterii S. Sophiae*[3]. Nella prima si legge che il sovrano, nei suoi trenta anni di governo in quanto duca e principe, si interessò con frequenza del monastero ingrandendolo con nuovi padiglioni tra cui l'oratorio, come precisava nell'atto di donazione, anno 774: "L'ho creato dalle basi per l'edificazione della vita eterna e per la salvezza del nostro popolo, e della comune Patria"[4]. A tale scopo ne aveva fatto un Sacrario di guerrieri longobardi, vigilato da tante sacre reliquie. Non regge quindi l'attribuzione dell'opera a Gisulfo I (sul trono dal 689 al 706) e all'abate Zaccaria come asserisce un'altra citazione con i riferimento soltanto all'inizio dei lavori del complesso conventuale, bloccati peraltro dalla morte del committente[5].

La locazione. Considerati i costumi longobardi, Santa Sofia non poteva nascere lontana dal Palazzo ducale all'interno delle mura. Ecco il motivo per cui venne prescelto uno spazio

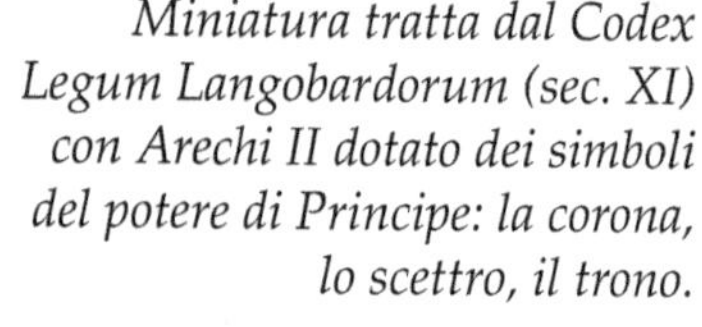

Miniatura tratta dal Codex Legum Langobardorum (sec. XI) con Arechi II dotato dei simboli del potere di Principe: la corona, lo scettro, il trono.

---

[3] *Annales Beneventani*, anno 789, e *Liber Praeceptorum Monasterii S. Sophiae*, anno 774, a cura di Ottorino Bertolini, riportati nei saggi *Contributo allo studio delle fonti per la storia dell'Italia meridionale nei secc. IX-XII*, p. 111, sul "Bollettino dell'Istituto storico italiano e Archivio Muratoriano", Roma 1923, e *Studi di storia napoletana in onore di Michelangelo Schipa*, p. 40, ITEA Editrice, Napoli 1926.

[4] Archivio storico Museo del Sannio, *Fondo S. Sofia*, manoscritto, fasc. secondo.

[5] *Annales Beneventani*, anno 737: *Gisufus principiatur, qui a fundamentis coenobium Sanctae Sophiae incepit, sed preventus morte imperfectum reliquit.*

Moneta beneventana rappresentante il Duca Gisulfo.

assai visibile – la cosiddetta *Platea sofiana* – a metà strada tra la sede operativa della Corte e la chiesa di San Salvatore a Porta Somma, ufficialmente eletta quale cappella ducale prima di diventare la parrocchia principale per la parte alta di Benevento, sotto gli auspici delle famiglie Maccabeo e Roscio[6]. Sbagliava quindi Leone Marsicano[7] sostenendo che "Gisulfo cominciò a costruire la chiesa di Santa Sofia in Benevento": un abbaglio derivato dall'omonimia con la cappella edificata per la martire Sofia edificata nel 706 ma (come precisa Stefano Borgia nelle sue memorie istoriche[8]) *in loco Ponticellum dicto non longe a muris Beneventanis*, allora in piena campagna.

La struttura architettonica. Descrivendo l'odierno aspetto, Lamberto Ingaldi così sintetizza[9]: "Costruzione a pianta circolare, diametro di metri 23,5 e altezza di metri 8, si estende in un esagono centrale e al vertice delle sei colonne si sviluppano archi che sorreggono la cupola centrale, circondata da altro circuito decagonale con otto pilastri di pietra calcarea e mattoni, completato da due colonne di granito posizionate sul lato dell'ingresso". Ben diversa appariva la struttura originale, come annotava nel Settecento un attento descrittore delle civiche vestigia religiose[10]: "La Chiesa e il Monastero di S. Sofia è da annoverare tra i più rinomati famosi e ricchi Templi che fiorirono nei secoli passati". Con il passare degli anni, il tempio prendeva forma ingrandendosi lungo il perimetro esterno con l'apertura di cappelle dotate di altari, quindi con l'erezione di un campanile (abate Gregorio, 1035-1056) e la creazione del chiostro (abate Giovanni, 1150) fino all'avanzamento del frontespizio munito di portale marmoreo e lunotto di San Mercurio (1175) mentre all'interno si adottava per l'arredo lo stile baroc-

[6] Giovanni de Nicastro, *Benevento sacro*, a cura di Gaetana Intorcia, pp. 174-175, Stabilimento editoriale De Martini, Benevento 1976.

[7] Leone Marsicano conosciuto pure come l'Ostiense (1046-1115), *Chronica sacri monasterii casinensis*. Liber I, cap. 9, Biblioteca Digitale Lombarda, ms. 34.

[8] Stefano Borgia, *Memorie istoriche della Pontificia Città di Benevento*, volume primo, p. 240, Stampe del Salomoni, Roma 1763.

[9] Lamberto Ingaldi, *Le antiche chiese di Benevento*, p. 62, Edizioni Realtà Sannita, Benevento 2013.

[10] G. de Nicastro, *Benevento sacro*, op. cit., p. 200: "La Chiesa e il Monastero di S. Sofia è da annoverare tra i più rinomati famosi e ricchi Templi che fiorirono nei secoli passati… anzi ardisco d'affermare essere questo monastero (solo dopo quello di Cassino) superiore e di gran lunga maggiore ad ogn'altro". Va notato che il manoscritto iniziò nel 1683 per terminare nel Settecento.

[11] G. de Nicastro, *Benevento sacro*, op. cit. p. 201. L'affidamento prioritario all'Ordine femminile è connesso alla volontà di privilegiare la sorella, mentre l'intervento del ramo maschile si legava all'indispensabile ruolo dei sacerdoti per i riti religiosi.

[12] Tale è l'attribuzione offerta da G. de Nicastro, op. cit. p. 201, nel sottolineare che il manoscritto originale "conservasi nella Vaticana Biblioteca", Esso venne poi utilizzato da Ferdinando Ughelli nel tomo VIII di *Italia sacra sive de episcopis Italiae et insularum adiacentium*, a cura di Nicolao Coleti, Venezia 1721. Secondo il Borgia, invece, (*Memorie istoriche*, op. cit., vol. primo, p. 236) gli autori della *Cronaca di Santa Sofia* sarebbero diversi, tra cui l'abate Pier Luigi Galletti per l'impresa del 774.

154

co. Ci avrebbero pensavano i terremoti del 1688 e del 1702 a sconvolgere tale struttura.

Il cenobio. Sul manoscritto del canonico Giovanni de Nicastro si legge[11]: "Il Principe v'erge un magnifico e bellissimo monastero per le Monache dell'Ordine di Benedetto e vi prepose per Badessa la sorella Gariberga… Diede poi ai Monaci cassinesi la cura di regger le monache e per essi erge un altro monastero". Sulla consistenza delle due comunità nulla emerge: molto più tardi un Anonimo monaco (ma le mani potrebbero essere diverse[12]) si mise a comporre una *Cronaca* per annotarvi tutti i privilegi, le successioni degli abati e delle badesse, la consistenza del patrimonio umano e materiale, le vicende storiche della Badia che nel 1022 – essendo abate Gregorio e principe Landolfo V – otteneva da papa Benedetto VIII piena autonomia di governo rispetto a Montecassino. Nel frattempo il ramo femminile (ultima badessa Rodelgarda delle sacre vergini nel 932) si era estinto, e il cenobio diventava uso esclusivo dei monaci benedettini: da allora si sviluppava un lungo periodo di floridezza economica e culturale per il monastero di Santa Sofia, culla di sapienza. L'adozione del nuovo stile di scrittura, la *littera beneventana*, in tutta l'Italia meridionale e persino nella Dalmazia, ne esprimeva l'esempio più concreto[13].

I privilegi. Da tempo i benedettini sofiani reclamavano l'autonomia da Montecassino e infine il principe Atenolfo III (morto nel 942) concesse loro di eleggersi il proprio abate, primo dei quali portava il nome di Orso. Si apriva allora un lungo conflitto tra le due comunità fino al prevalere di Benevento. Tra l'altro Santa Sofia poteva giovarsi nel tempo di attestati e diplomi a sostegno di privilegi su regole interne e rendite fondiarie del monastero. Questi favori provenivano da arcivescovi e pontefici come Benedetto VIII, Leone IX, Gregorio VII, Urbano II e Pasquale II ma pure da imperatori (Ottone I nel 967, Ottone II nel 981 e Ottone III nel 999), giunti da pellegrini per visitare le tombe dei martiri. Ed era consuetudine delle famiglie notabili fare a gara nell'aiuto agli enti religiosi sperando di assicurarsi indulgenze *post mortem*[14].

L'oratorio. Il tempio di Santa Sofia era nato soprattutto per incitare alla preghiera. Arechi ne dava continua testimonianza. "Perché questa Basilica stava presso del suo Palagio – si legge nella *Cronaca di Santa Sofia*[15] – il piissimo Principe di mattina e di sera et spesso di notte costumava orare". Pregava da solo oppure circondato da cortigiani e da frati. La struttura del sito (sul modello della cappella di Liutprando nella basilica di San Pietro in Ciel d'oro a Pavia come pure del Tempietto longobardo in Cividale del Friuli) si prestava perfettamente alla preghiera, come ricorda lo scrittore Paolo Diacono nella sua *Historia langobardorum*[16].

Le reliquie. Ad entrare per primi nella dotazione ecclesiale di Santa Sofia furono i resti di dodici Fratelli, cristiani di Cartagine, trasportati in Italia e decollati per ordine dell'imperatore Valeriano in varie località della Puglia, ai quali si aggiunse nel 786 il corpo di San Mercurio: in seguito le reliquie si moltiplicarono al punto che nel 1119 se ne contavano quasi mezza centuria grazie ad una donazione di Roberto conte di Bojano all'abate Bernardo[17]. Il merito di simile patrimonio appartiene soprattutto ad Arechi[18] che "fra le sue opere e splendori si è il

---

[13] Su tale innovazione si legga la fondamentale opera di Elias Avery Lowe, *The Beneventan Script. A history of the South Italan Minuscule*, due volumi a cura di Virginia Brown, Edizioni di Storia e Letteratura, Roma 1980, e il mio breve saggio su *La scrittura beneventana*, Azzella editore, Milano 1973, nel quale si riporta una lettera dello stesso Lowe sulla "scoperta" di questo stile calligrafico.

[14] Le fonti storiche abbondano di particolari su questi aspetti: in proposito appaiono ben precisi sia G. de Nicastro, *Benevento sacro*, op. cit. pp. 207216, sia S. Borgia, *Memorie istoriche*, op, cit., volume primo, pp. 241-248.

[15] *Chronica Sanctae Sophiae*, sta in F. Ughelli, *Italia sacra etc.*, op. cit., tomo 8.

[16] Paolo Diacono, *Historia Langobardorum*, "Monumenta Germaniae Historica", vol. 38, p. 186.

[17] Così F. Ughelli, *Italia sacra etc.*, op. cit. tomo 8: *In jam nominato monisterio S. Sophiae, in quovidetur requiescere quadraginta quattuor corpora Sanctorum.*

[18] Nei primi secoli del Cristianesimo le chiese avevano un solo altare in quanto – secondo il Borgia, *Memorie istoriche*, op. cit., p. 238 – "nella Cristiana Religione rari erano allora i Sacerdoti anche ne i monisteri, né vi erano Collegi di Preti, dei quali uno solo per ciascuna Chiesa si deputava ovvero s'incarnava".

Tesoro di tanti corpi e reliquie di Santi". Favoloso appare il caso dell'acquisizione del corpo di San Mercurio, come sottolineano le *Memorie* di Stefano Borgia[19].

La proprietà. La dominazione francese agì senza riguardi nei confronti del clero, occupandone gli edifici e sequestrandone molti beni. Talleyrand, per mano del suo governatore Louis De Beer, fece adibire a finalità civili il complesso di Santa Sofia aprendovi laboratori e scuole primarie ma lasciando al culto popolare la chiesa, affidata al parroco di S. Salvatore. Il convento dal 1595 non ospitava più monaci Benedettini, sostituiti da papa Clemente VIII con i preti Canonici Lateranensi[20]. Ad essi subentrarono i Gesuiti richiamati da Leone XII nel 1828 ma soltanto fino al 1834 quando ripresero possesso del loro Collegio[21]. La Badia fu allora consegnata ai Fratelli delle Scuole cristiane ed i religiosi del francese La Salle vi restarono fino al 1928[22]. Comunque, dopo gli espropri dell'Italia unitaria (legge 3036 del 1866), il patrimonio sofiano era diventato pubblico e il Municipio lo cedeva nel 1919 all'Orfanotrofio maschile Vittorio Emanuele III. Un ventennio più tardi, la Provincia rilevava l'intero complesso versando all'istituto benefico una simbolica somma, appena 871mila lire[23]. Così veniva concentrato tutto il materiale artistico accumulato in varie raccolte e nasceva il Museo del Sannio, poco dopo affidato alla intelligenza di Alfredo Zazo[24].

---

[19] Una lettura facile e appassionante, nella traduzione italiana che si trova in S. Borgia, *Memorie istoriche etc.*, op. cit, pp. 207-232, sotto il titolo di *Atti della traslazione del corpo di S. Mercurio martire in Benevento*.

[20] Ispirandosi all'insegnamento di S. Agostino, questa congregazione nacque per curare la Basilica del Laterano nel secolo XII. Dopo complesse vicende, si riorganizzò nell'Ottocento con il sostegno del cardinale Bartolomeo Pacca che nel 1823 ne riunì i diversi gruppi separati. Costretti all'esilio dopo l'Unità italiana si stabilirono in Spagna, in Inghilterra, in Belgio, in Polonia e in America del Sud. Rientrati in Italia risiedono a Roma nella basilica di San Pietro in Vincoli dedicandosi alla formazione giovanile.

[21] Perché proprio all'Ordine ignaziano? Questo Pontefice (Annibale della Genga, 1760-1829), nobile, colto,

aperto alle cose nuove in gioventù e nella maturità, negli anni senili si convinse della necessità di una Chiesa con salda base formativa: allo scopo scrisse le encicliche *Quid divina sapientia* e *Super universam* ponendo fiducia nelle specifiche capacità della Società di Gesù in materia educativa e scolastica; alla loro comunità consegnò il solenne Collegio Romano e fece inviare nel 1825 a Benevento 15 Padri che riaprirono la Chiesa del Gesù e le scuole, così apprezzate dalla cittadinanza, sistemandosi nella Badia di Santa Sofia.

[22] Congregazione secolare fondata in Francia nel 1659 da Jean Baptiste de La Salle, in seguito proclamato santo, con l'intento di istruire i ragazzi meno dotati economicamente e culturalmente: perciò a Benevento i piccoli frequentatori delle prime classi erano indicati, non per spregio ma con simpatia, come "ignorantelli". L'insedia-

mento avvenne grazie a un Decreto arcivescovile del 19 settembre 1834: in quella sede le Scuole cristiane tennero banco fino al 1928, come riferisce Ferdinando Grassi, *I Pastori della Cattedra beneventana*, pp. 165-166, Tipografia Auxiliatrix, Benevento 1979. Qualche altra notizia in *Archivio storico del Comune*, fascicolo 18, busta 2.

[23] Somma chiaramente inferiore a qualsiasi equa valutazione, considerato il valore storico e monumentale del complesso. Il coefficiente di trasformazione della lira 1939 rispetto all'euro 2020 oscillava sulla parità, motivo per cui la somma allora versata oggigiorno equivarrebbe a € 900mila. Un'inezia, spiegabile soltanto con la natura politica della transazione.

[24] Studioso esperto in varie discipline ma soprattutto storico locale, il professore Zazo (1888-1987) viene ricordato come fondatore della rivista

La funzione civica. Il tempio di Santa Sofia, utilizzato a fini religiosi per convenzione mai suffragata da atti ufficiali, non appartiene alla Curia ma fa parte senza il minimo dubbio del patrimonio gestito dalla Rocca dei Rettori[25]. Se i progetti culturali venissero attuati, questo sito Unesco (senza custodia dopo la messa quotidiana: incredibile paradosso) potrebbe esprimere la "prima sala del Museo", come sosteneva nel lontano 1991 il suo direttore Elio Galasso[26], e ciò significherebbe dotarla di vigilanza permanente e il luogo ideale per raccontare la storia della secolare Badia. Storia che si vede depressa da talune pacchiane cerimonie.

Le commende. Questo istituto[27] fu introdotto in modo irregolare durante il breve pontificato di Callisto III (155-1458) che ne fece dono al nipote Rodrigo Borgia. L'ambita carica sommava la giurisdizione civile a quella ecclesiastica. Soltanto in seguito si pervenne ad una continuità di nomine che si prolungarono fino all'Ottocento[28]. Tra i nomi più illustri vanno citati il cardinale Ascanio Colonna indicato da papa Clemente VIII nel 1595 e il cardinale Fabrizio Ruffo di Bagnara[28] nominato con diploma di Ferdinando IV nel 1794 (contro il parere di Pio VI) che avrebbe mantenuto il titolo commendatizio fino alla morte nel 1827.

Ruolo religioso. A differenza dell'Annunziata, chiesa di gestione civica, alla sua costruzione Santa Sofia esprimeva la tipologia di oratorio privato: era infatti riservata alle Vergini benedettine per le preghiere conventuali, ai riti dei Sacerdoti dell'Ordine cassinese e alle orazioni dei Cortigiani. Anche più tardi, assumendo funzioni di Sacrario ufficiale dei guerrieri longobardi, erano autorizzati a fruire del tempio soltanto i fe-

Frontespizio di Italia sacra, tomo VIII, con stralci della "Cronaca di Santa Sofia."

"Samnium" diretta dal 1928 alla sua scomparsa. Si interessò anche della vita politica con la nomina a podestà e l'elezione a sindaco in periodi diversi. Si veda: Salvatore Basile, *Appunti per la biografia di Alfredo Zazo*, sta su "Samnium", fasc. 3-4 del 1995. pp. 167-184.

[25] Atto notarile del 17 aprile 1939 ove si precisa che "l'Istituto Vittorio Emanuele per organi di Benevento vende, cede, aliena e trasferisce all'Amministrazione provinciale del Sannio che accetta e compra, il Chiostro di Santa Sofia coll'attigua chiesa omonima, con gli annessi due giardini e con ogni altro accessorio, dipendenza e pertinenza". Non si cita in modo esplicito il campanile ma la logica sembrerebbe collegarlo alle stesse pertinenze. L'atto si trova in una ricerca sull'istituzione badiale in epoca postunitaria eseguita (2017) dall'ingegnere Emilio Colloca e resa nota in larga misura da Rito Martignetti, *Memorie del Sannio*, pp. 32-35, Arturo Bascetta editore, Napoli 2020.

[26] Tale era la definizione scritta dal direttore a fine secolo XX ed attuale presidente onorario del complesso museale, Elio Galasso, *Il Museo del Sannio a Benevento*, Edizioni Cobecam, Napoli 1991.

[27] Per notizie diffuse sugli Abati commendatari: Alfredo Zazo, *Chiese, feudi e possessi della Badia benedettina di S. Sofia*, su "Samnium", fasc. 1-2 del 1964, pp. 1-62.

[28] Sui rapporti tra il porporato calabrese e il territorio sannita si veda la ricerca su *Fabrizio Ruffo, commendatario di Santa Sofia*, che si trova imi saggio intitolato *Il sogno svanito del Borbone su Benevento*, Archeoclub, Benevento 2023.

deli di rango, assieme ai monaci impegnati nei doveri liturgici e nelle celebrazioni funebri. Del resto la sua struttura non consentiva l'accesso ad una folla eccessiva mentre rispondeva bene alla preghiera di un piccolo gruppo: i religiosi si disponevano con l'abate attorno alle colonne mentre i diaconi addetti alla proclamazione dei testi sacri e all'intonazione dei canti si ponevano al centro degli oranti. L'altare troneggiava sotto la cupola non potendosi avere altra disposizione, a causa delle colonne che impedivano la visione totale del Tempio. Le forzature al disegno architettonico,in seguito alla Riforma Tridentina, ai terremoti e alle requisizioni laiche, assieme ai numerosi restauri e alle innovazioni liturgiche del Concilio Vaticano II, hanno certamente stravolto l'aspetto primitivo. Sono palesi i risvolti odierni: chi sta ai margini della chiesa deve subire fastidiosi ostacoli visivi e fonici, in antitesi con la comunione ecclesiale.

La parrocchia. Con l'eliminazione del muro di cinta e l'apertura a tutti i fedeli della chiesa ai primi dell'Ottocento, Santa Sofia diventava disponibile al pubblico e l'arcivescovo Giovanni Battista Bussi varava nel 1834 un piano di riassetto ecclesiale mettendo Santa Sofia sotto la cura del Parroco di San Salvatore mentre il complesso badiale restava alla formazione primaria[29]. In seguito il più favorevole accesso a Santa Sofia e le condizioni precarie dell'altro edificio invertivano ruoli e dizione: "SS. Salvatore in S. Sofia". Nel 1983 Santa Sofia otteneva piena autonomia di parrocchia, funzione durato fino al 15 settembre 2023 quando – ultimo paradosso pastorale – il parroco è stato dimissionato e la chiesa unita a Sant'Anna, *donec aliter provideatur*, fino a nuova decisione curiale[30].

Cosa resta oggi a Santa Sofia? Una certezza ed una speranza: la prima consiste nella proprietà che appartiene all'Amministrazione provinciale e all'inserimento nel Patrimonio dell'umanità[31] quale "bene universale"; la seconda nella sua trasformazione in "prima sala del Museo" come molti suggeriscono, ritenendo possibile far combaciare – per la gestione di un monumento – l'essenza religiosa con le finalità laiche. È una questione di civiltà. Il Pantheon insegna.

[29] Ciò avveniva dopo nuovi restauri eseguiti dalla Soprintendenza ai monumenti. Il decreto era firmato dall'arcivescovo Carlo Minchiatti in data 3 maggio 1983. La chiesa del Divin Salvatore, inoperante a causa del terremoto 1962, riprendeva il proprio esercizio dopo complessi restauri soltanto nel 2001.

[30] La situazione è cambiata con l'accorpamento di quattro parrocchie riunite sotto la sigla di Unità pastorale "San Filippo Neri", con ruolo di maxiparrocchia e sede in Duomo (ignorate bellissime e monumentali chiese come l'Annunziata e San Domenico, un altro paradosso): i decreti emanati dall'arcivescovo Felice Accrocca portano le date del 14 luglio e del 9 agosto 2023.

[31] Dal 25 giugno 2011 il sito ha conquistato il giusto riconoscimento per entrare nella lista del Patrimonio mondiale, secondo le norme dell'Unesco.

Lo stemma nella lunetta di Santa Sofia. Nuove ipotesi

Nel corso dei secoli la Chiesa di Santa Sofia, fondata da Arechi II, ha subito varie trasformazioni. Tra l'XI e il XII secolo, furono aggiunti, un campanile romanico e all'ingresso un protiro a quattro colonne con un bassorilievo che ora è posto sulla lunetta del portale di ingresso.

Il bassorilievo succitato, raffigura Cristo in trono (la Sapienza) e ai lati la Vergine Maria con mani in preghiera e San Mercurio, che sembrano entrambi chiedere grazie per un uomo inginocchiato a lato del Santo.

Chi fosse realmente l'inginocchiato con una corona sulla testa è ancora oggi un vero mistero. Diversi studi portano ad affermare che fosse l'abate Giovanni IV, per altri il principe Arechi II.

In verità non è il solo mistero, nell'angolo sinistro in basso per chi guarda la lunetta, è rappresentato uno stemma in mosaico. Trattasi di uno scudo a mezzo ovale vaiato in campo

di **Cesare Mucci**

Una diversa interpretazione iconografica della lunetta di Santa Sofia

La lunetta del portale di Santa Sofia.

In alto: Lo stemma nella luneta di Santa Sofia.

In basso: un disegno dello stemma dei D'Afflitto.

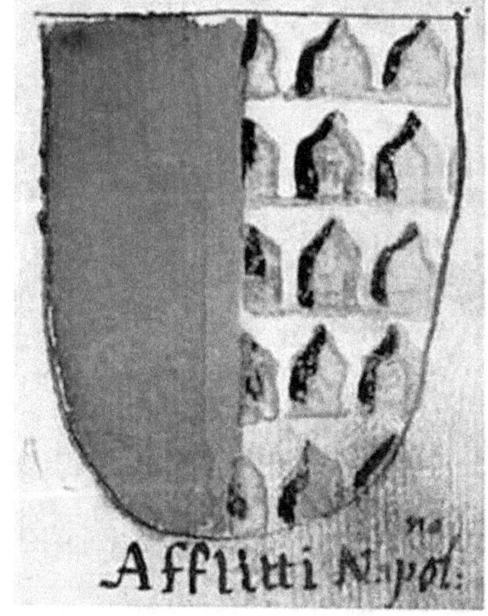

bianco e di lapislazzuli, e una banda di marmo rosso in diagonale dal basso di destra all'angolo di sinistra, che cinge altresì l'intero scudo (la banda rossa simboleggia il cingolo militare, usato dagli antichi cavalieri, in memoria del quale, fu dall'araldica posta fra le pezze onorevoli come contrassegno d'onori e dignità militari). Ancora oggi gli studiosi sostengono diverse ipotesi, la più accreditata vuole che si lega alla famiglia beneventana dei Grimaldo.

Dopo aver letto le diverse controverse ipotesi circa l'identità familiare di questo stemma, ho cercato di approfondire la conoscenza, consultando fonti antiche e il web.

Premetto che questo mio studio non ha lo scopo di appagare alcuna velleità, ma intende solo stimolare un dialogo di interesse storico tra appassionati della materia che potrebbe portare a nuovi sviluppi.

La consultazione in particolare del manoscritto sulle famiglie nobili beneventane del celebre Mario Della Vipera del 1632, mi ha indotto ad associare lo stemma della lunetta con il blasone di un'antica famiglia beneventana di nobile lignaggio, oggi estinta, i d'Afflitto.

Si tramanda che l'origine della famiglia d'Afflitto sia Amalfitana, e successivamente si ritrova in Benevento sin dall'anno 1198 come si vede in un libro antichissimo de morti della chiesa e monastero di Santo Lupo che si conserva nell'Archivio della collegiata di S. Spirito, ove a Car. 39 a 4 d'ottobre sotto il prescritto anno si legge *obijt D. Bartholomeo soror D. Bart. De Afflitto.* E ancora, consultando L'Obitorium S. Spiritus, si legge di un Sergius de Afflitto che ebbe per moglie Finitia e da essi nacque Beneventus (Obit. C. 81°). Questi sposò Elena, v. A.S.P.B. *Repertorium omnium bullarum*, c. 45a (a. 1279). Altro Sergius de Afflitto "mercator", figlio probabilmente di Beneventus, lo incontriamo come testimone al giuramento del Rettore di Benevento, Leopardo Bonvillani di Osimo, prestato il 4 aprile 1289 (Borgia, Memorie, III, p. 258)

Ma vi è di più, si apprende da più fonti che la famiglia d'Afflitto è oltretutto considerata come una delle famiglie fondatrici dell'Ordine di Malta, con Landolfo e suo figlio Jacopo militanti al fianco di Frate Gerardo Sasso nelle crociate in Terra Santa.

Molti studiosi sostengono che la famiglia discende dalla parentela di Sant'Eustachio, un generale romano a servizio dell'allora imperatore Marco Ulpio Traiano, che soffrì il martirio al tempo di Adriano. La tradizione vuole infatti che nel cognome ci sia un riferimento alle "afflizioni d'animo, d'angoscia e patimenti" del santo martire.

Si narra che essendogli apparso durante la caccia un cervo con una croce di Cristo tra le corna, si convertì al cristianesimo con la moglie Teopista e i figli Agapito e Teopisto. Dopo la conversione familiare, i disastri si abbatterono sulla famiglia. L'imperatore Adriano, successore di Traiano per festeggiare la vittoria della campagna di Eustachio invitò il generale presso il tempio del Dio Apollo. A seguito del rifiuto del generale il comandante insieme alla famiglia vennero gettati ai leoni, ed essendo stati tutti da questi risparmiati, furono rinchiusi in un toro di bronzo infocato, dove consumarono il martirio.

Ritornando allo studio dello stemma dei d'Afflitto, si apprende che è vaiato d'oro e di azzurro, a volte è circondato e attraversato da cingolo militare rosso per aver i valorosi cavalieri del Casato combattuto contro i saraceni e in Terra Santa (fonte: Libro d'Oro Napoletano – Archivio di Stato di Napoli – Sezione Diplomatica).

Ciò detto, lo stemma della lunetta di Santa Sofia sembrerebbe legarsi proprio a quello della famiglia d'Afflitto.

A conferma di quanto detto, il testamento, conservato presso il museo Abbaziale di Montevergine, reso da un certo Sergio d'Afflitto in data 5 Aprile 1199 sul letto di morte; sembra confermare tutto ciò. Fonte: Codice Diplomatico Verginiano, ed. P. M. Tropeano, 13 voll. (Montevergine: Edizioni Padri Benedettini, 1977–2000), vol. XI, doc. 1057, pp. 206–211.

Leggendo il testamento emerge che egli disponeva di ingenti somme di danaro, in oro e in argento, guadagnate grazie all'esercizio della mercatura e dell'attività di cambiavalute, e che poi in parte destinò oltre che ai propri nipoti, alla *plebs clericorum Scale*, a diverse chiese e monasteri esistenti nel ducato

Il testamento di Sergio d'Afflitto conservato nell'archivio di Montevergine.

Il graffito sulla base dell'Arco di Traiano con l'immagine di un cervo.

Nella pagina seguente: una foto dell'interno di Santa Sofia agli inizi del Novecento.

di Amalfi ed in particolare di Benevento, ovvero all'ospedale che è nella chiesa di San Giovanni, alla confraternita di S. Spirito, alla chiesa di Santa Sofia, al monastero di San Modesto e al monastero di santa Maria a Porta Somma. Emerge infine nel testamento l'esistenza di un cospicuo patrimonio immobiliare comprendente case e possedimenti a Benevento, nonché case, vigne e proprietà a Scala e in tutto il ducato amalfitano. Prima di rendere la sua anima a Dio, ordina che il suo corpo venga seppellito nella chiesa di Sant'Eustachio a Scala a cui vengono assegnate 6 once d'oro.

È doveroso precisare che in riferimento alla sola chiesa di Santa Sofia, il testatore lascia agli Abati di questa chiesa un terzo di tutto il denaro oltre ori, argenti e arredi sacri, al fine della sua ricostruzione.

Ritengo ragionevole che alla luce di questa generosa donazione a favore del monastero di Santa Sofia, sia stato voluto l'apposizione dello stemma della famiglia d'Afflitto all'interno della lunetta stessa.

Ma vi è di più. C'è un altro elemento che potrebbe legarsi alla famiglia d'Afflitto di Benevento.

Sul basamento sinistro rivolto verso il lato città dell'Arco Traiano troviamo inciso un cervo rampante tra una moltitudine di croci.

Chi ha inciso il cervo circondato tra croci cristiane sul basamento dell'Arco Traiano a Benevento?

Premettendo che nel campo delle ipotesi tutto è possibile, si potrebbe supporre che il cervo simbolo della conversione al cristianesimo sia legato proprio alla famiglia d'Afflitto beneventana che vedeva in Sant'Eustachio martire, il santo protettore, oppure sia legato ad un'altra antica famiglia di Benevento dal cognome Santo Eustasio ossia di Santo Eustachio (estinta) a cui si lega un certo Ropalto Sant'Eustasio, cavaliere valorosissimo, vissuto nel XII sec.

Questo cognome ci ricorda Stefano Borgia, nel volume I parte terza di "Memorie istoriche della pontificia città di Benevento dal secolo VIII al secolo XVIII", – derivò forse dall'aver edificato a Benevento una chiesa dallo stesso titolo, e del quale si mostrava il sito in un giardino presso il Pontile, appellandosi comunemente quel luogo Santo Loja, oppure perché la casa di propria abitazione era contigua a detta chiesa.

Foto di Nobiltà con Rose

Gli archivi in genere, quelli fotografici in particolare, a chi li consulta con amorosa pazienza, riservano sempre sorprese.

È come addentrarsi in uno di quei fluviali romanzi che si dicevano d'appendice, densi di personaggi, intrecci, situazioni impreviste e straordinarie, inesauribili fonti di scoperte e di colpi di scena. Dietro una foto o una cartolina si nascondono spesso storie insospettate in grado di farci rivivere le emozioni di un passato ormai dimenticato.

Varie volte ci è capitato di cercare una fotografia, di rintracciarla, ma di trovarsi poi inaspettatamente di fronte un'immagine più preziosa e rivelatrice di quanto fosse lecito supporre, e tale da stimolare la mente facendola volare a ritroso.

È il caso della foto che qui si presenta.

Databile tra la fine del XIX e i primi anni di questo secolo, la fotografia, opera di Luigi Intorcia, rappresenta un gruppo di sedici persone di varia età, di ceto medio-alto, raccolti in posa nel cortile del palazzo De Simone.

Sullo sfondo si intravedono due grossi pini gessati, simboli araldici dell'arme dei De Simone, che ancora oggi adornano la monumentale fontana e abbelliscono il restaurato cortile settecentesco.

I personaggi in scena, sei donne e dieci uomini, tra cui un colonnello di fanteria, fanno da corona ad una signora in abito nero, comodamente seduta, al centro della foto, con alle spalle, in piedi, un anziano baffuto gentiluomo, dal fiero aspetto e dallo sguardo mite.

Un elemento li accomuna tutti. Ognuno ha una rosa: le donne nella mano o appuntata al vestito, gli uomini all'occhiello, il militare nel taschino destro della divisa. Anche questo segno ci rimanda alla famiglia De Simone e alla sua devozione per la santa di Lima, alla quale aveva dedicato sia la cappella annessa al palazzo, oggi sede del *teatro De Simone*, sia la cappellina rurale nel feudo dei Corvacchini.

di **Mario Boscia**

Saggio pubblicato nel 1994 nel volume "Mosaico beneventano" delle Edizioni Torre della Biffa

Mario Boscia

Nella pagina precedente: Foto di gruppo della famiglia De Simone, nel cortile del loro palazzo. Fine Ottocento.

Chi siano questi personaggi non ci è dato sapere. Alcuni elementi inducono a credere che la foto, scattata all'interno del cortile del palazzo, pochi anni prima della vendita ai padri Lasalliani, rappresenti un gruppo di famiglia: quello degli ultimi discendenti dei De Simone, marchesi dei Corvacchini, una delle casate di maggior spicco del patriziato beneventano.

A tale patriziato, come è noto, ambirono essere iscritte le più titolate famiglie del Regno. È ben conosciuta infatti l'antica, documentata, sua origine. Il patriziato beneventano affonda le sue radici negli albori del medioevo, e tranne alcuni casi, in cui particolari autori hanno voluto vedere e cercare agganci col mondo romano, esso certamente si forma e si afferma durante il plurisecolare ducato longobardo. In seguito questo patriziato, pur ramificandosi nel mondo normanno, svevo, angioino ed aragonese, si trova quasi sempre legato e dipendente dall'alta sovranità papale, cui come è noto, il territorio della città era sottoposto.

Nonostante le continue depauperazioni subite dagli archivi locali, sia ad opera della natura che dell'uomo, non ultime quelle causate dagli eventi bellici del 1943, la documentazione pervenutaci è ancora ricca; minore per i secoli dell'alto medioevo, maggiore dopo l'anno Mille.

Nell'anno 787 dodici nobili, insieme a Grimoaldo e Adalgisa, figli del principe Arechi, furono mandati come ostaggi presso re Carlo Magno.

Nel mese di giugno del 789 avvenne la donazione del principe Grimoaldo a favore di Trisulfo, «nobile beneventano»; nei capitolati stipulati nell'anno 849, per la divisione del principato longobardo tra Radelchi e Siconolfo, chiaramente si fa cenno all'esistenza di ben tre distinti ceti sociali: quello dei *nobili*, quello dei *mediocri* e quello degli *uomini rustici*.

Nell'anno Mille, Leone Marsicano, nella sua *Cronaca Cassinese*, ci fa sapere che il tredicesimo abate di Montecassino era un tale Giovanni, «nobile beneventano».

Dopo questa data le notizie si infittiscono. Buona parte della nobiltà, nel 1082, presenziò alla cessione, fatta da Stefano Sculdascio, di una *platea* pubblica a favore dei monaci di Santa Sofia per l'ampliamento del monastero; nel 1100 una rappresentanza, di ben cento *oratori* tra nobili e *boni omines*, fu inviata dalla città al papa Pasquale II per perorare alcuni interessi; dall'Ughelli sappiamo che, nel 1266, alcuni rappresentanti delle famiglie nobili della città morirono in combattimento contro le soldatesche angioine, in difesa delle monache del convento di San Pietro fuori le mura.

E così, ripercorrendo i secoli, arriviamo al 1489 quando si ha notizia del primo consesso cittadino suddiviso in quattro distinti ordini sociali: nobili, mercanti, artisti e massari. Da quest'epoca in poi, fino alla metà del '700, il consiglio della città è stato sempre composto da quarantotto consiglieri, di cui dodici nobili.

Ma i tempi mutarono anche in Benevento e, come in altre città del mezzogiorno, si avvertì un profondo cambiamento nella vita politica e sociale. Al vecchio patriziato, detentore del potere politico e dell'amministrazione effettiva della città, si affiancarono nomi nuovi, ossia un nuovo ceto composto in prevalenza da dottori *in utroque iure* che, potendo contare su di una solida posizione economica, ed essendo assistiti da un corredo di studi specifici, reclamarono con forza la loro aggregazione al ceto nobile, e il diritto, quindi, a concorrere all'amministrazione della città.

Per dirimere irregolarità e controversie circa l'ammissione di nuove famiglie al patriziato, e per meglio regolarne la successiva partecipazione al governo della città, furono stilate delle norme, che successivamente furono approvate da papa Paolo III il 29 ottobre 1548. In esse si sanciva che, nel rinnovamento del consiglio, potessero eleggersi in rappresentanza della città, solo membri delle famiglie da tempo riconosciute per nobili e già appartenute al consiglio stesso. Tale decisione limitativa può considerarsi come la fondamentale premessa di quello che sarà il *bussolo chiuso* della nobiltà beneventana.

In seguito, due consecutivi brevi di Clemente XII, del 13 dicembre 1735, e di Benedetto XIV, del 3 marzo 1742, riconfermarono quanto già approvato in precedenza, riducendo tuttavia il consiglio a ventiquattro membri, di cui sei nobili.

Non sappiamo con certezza se in Benevento, prima del XVI secolo, vi fosse una sede per il seggio dei nobili, ma verosimilmente esso doveva situarsi nella piazza principale, la *platea major* nota dalle cronache medievali. Alla fine di quel secolo fu fondata la congregazione del Ss. Rosario o *dei nobili*, che ebbe sede in una fastosa aula del convento di San Domenico.

Con la costruzione del palazzo *magistrale*, ai primi del XVII secolo, il seggio nobile trovò giusta collocazione all'interno di esso, e nel 1750 fu abbellito con decorazioni parietali raffiguranti le armi delle ottanta e più famiglie iscritte nel *bussolo*.

Questo rapido *excursus* nella storia del patriziato beneventano misura ciò che nel tempo precede l'immagine esaminata, ma non ci dà informazioni sui caratteri peculiari della nobiltà locale.

La lunga durata del dominio pontificio in verità non sembra aver determinato condizioni tali da differenziarla sensibilmente da quella dell'intero meridione.

Il risiedere in Benevento dava sicuramente vantaggi anche se le famiglie titolari di feudi avevano per lo più i loro beni nel Regno, condividendone i destini.

Non si può neppure affermare che fino al XVI secolo i nobili della città rappresentassero un ceto separato dal resto della popolazione. Al contrario nette erano le divisioni interne e complessa, nonché eterogenea, la composizione degli schieramenti nella società cittadina.

Le carriere prevalentemente seguite furono secondo consuetudine quelle militari o quelle ecclesiastiche (queste ultime certo più favorite nell'enclave pontificia).

Il caso della famiglia Pacca lo dimostra. Feudatari di Matrice, centro molisano, nobili di Velletri e di Corneto, rivendicarono la loro stretta appartenenza alla città in un lungo arco temporale, inalberando uno stemma che raffigurava allusivamente le tre età dell'uomo. Ebbero tra i loro esponenti coraggiosi guerrieri come Guglielmo e Vesone, sacrificatisi nella difesa di Benevento dagli attacchi di Federico II; ebbero altresì ecclesiastici autorevoli come il cardinale Bartolomeo, sottosegretario di Stato di Pio VII, tenace avversario di Napoleone e autore di un famoso editto, che da lui prende nome, e che è all'origine della moderna legislazione sulla conservazione dei beni culturali.

Qui è già possibile cogliere una nota distintiva della nobiltà beneventana di antico lignaggio: l'aver fuso la pratica delle armi con l'esercizio degli studi al punto tale da trasformare i conflitti di interesse e le lotte di potere in un gioco sofisticato molto più simile nello stile ai modi usati in Roma piuttosto che a quelli diffusi a Napoli.

L'anima guerriera e l'anima colta si bilanciavano o si alternavano nella conduzione di molte famiglie nobili. I Marchesi Pedicini di Luogosano e di Corsano che nel loro stemma conservano l'aquila imperiale concessa da Carlo V a Giacomo Pedicini valente suo capitano, tra i loro esponenti contano anche ecclesiastici prestigiosi e pii. Ciò vale anche per l'influente famiglia De Simone, per gli Ascolese, per i De Vita, per i De Nicastro e per i Della Vipera.

I principi Morra, il cui stemma è riconosciuto in araldica come il più antico d'Italia, dettero alla Chiesa il papa Gregorio VIII, così come la famiglia Fimbrio ed Epifanio fecero rispettivamente con Felice IV e Vittore III.

In epoca moderna nella vita dei gruppi familiari prevalse la componente colta, soprattutto nella sua versione religiosa, determinando nella città un clima che contenne sia le intemperanze tipiche della feudalità meridionale, sia l'esibizione smodata della forza e della ricchezza. Restarono così isolate le volontà ribellistiche dei Mascambruno che si dicevano discendenti della casta principesca longobarda e frenata la baldanza irriducibile dei Sabariani, baroni di origine francese, nonché dei Del Tufo. Perfino i fieri Dell'Aquila, baroni normanni che vantano avi imparentati con Ruggero II, hanno vissuto in Benevento una vita nel complesso tranquilla e osservante.

La nobiltà beneventana tuttavia non si chiuse in se stessa; curò anzi i rapporti con il mondo esterno a livelli anche alti. I Mascambruno entrarono in contatto con i grandi elettori di Baviera Neuburg e furono da essi insigniti del titolo di marchesi del Sacro Romano Impero. Gli Ascolese si legarono a Ranuccio II Farnese duca di Parma e di Piacenza. I Pedicini ospitarono Josef Poniatoski principe ereditario polacco esule.

Nobili beneventani ricoprirono incarichi importanti sia presso la curia romana che nella diplomazia vaticana.

Nel suo insieme la nobiltà beneventana visse il suo periodo d'oro nel '700, allorché fu irrobustita da nuove adesioni. Le famiglie nobilitate, a partire dal XVII secolo, derivavano la loro fortuna dall'aver gestito magistrature pubbliche, appalti di gabelle o ricoperto mansioni amministrative.

Tuttavia nella costruzione delle loro dimore si dimostrarono sensibili al gusto e ai modelli più avanzati dell'epoca. In questa opera si misero in evidenza i Rotondi, i Terragnoli, gli Isernia al pari dei Mosti, dei De Simone, dei Pedicini e dei Capasso che vantavano più antiche benemerenze.

È in questa fase che la nobiltà acquista nella sua maggioranza un carattere distaccato e sfuggente, quel disincanto spinto fino all'ambiguità che tanto negativamente colpì il governatore francese De Beer.

Sul versante culturale avvenne una progressiva divaricazione tra i più, che si rifugiarono nell'erudizione accademica coltivando le memorie patrie e i pochi che come i Torre e i Bosco Lucarelli si aprirono alla cultura scientifica moderna.

Alla metà dell'ottocento la nobiltà beneventana, tranne qualche eccezione, si presentava ormai svigorita, incerta e ripiegata verso il passato. Qui sta forse la chiave interpretativa più adatta dell'immagine del gruppo di famiglia. Quella rosa, da tutti ostentata, richiama simbolicamente il passato lieve e seducente, celebrando nello stesso tempo l'effimero profumo del presente e l'indifferenza verso il futuro.

Il XIX secolo, reso inquieto dagli echi della marsigliese e turbato da radicali rivoluzioni, aveva infatti già incrinato la tranquilla sfera del vivere aristocratico, intaccando profondamente le istituzioni della nobiltà. I vecchi valori e gli antichi assetti si stavano dissolvendo rapidamente sotto l'incalzare dell'intraprendente borghesia. Il progresso industriale, per quanto lento e parziale, tutto travolgeva modificando e uniformando lo stile di vita, minacciando la sopravvivenza stessa dei vecchi modi élitari di essere.

L'ombra di questa minaccia sembra cogliersi negli sguardi pensosi di alcuni personaggi della fotografia, forse consapevoli di essere gli ultimi esponenti di una classe in estinzione.

Esibiscono così un'eleganza accurata, un'imperturbabile compostezza come estrema difesa o come ostinata volontà di distinzione, mentre la bambina, intimorita dall'obiettivo indagatore dell'ammantato fotografo, si aggrappa alla gonna della madre, inconsapevolmente pronta a seguirla lungo i sentieri dell'autunnale stagione ormai incombente.

Archeoclub di Benevento
Relazione consuntiva dell'anno 2023

Un anno intenso

L'anno che si chiude è stato ancora un anno di crescita per l'Archeoclub di Benevento, sia per le adesioni al sodalizio, sia per la quantità e la qualità delle iniziative organizzate. Come al solito in allegato viene esplicitato il calendario della vita sociale dell'anno appena concluso. Ma, al di là dei dati numerici e descrittivi, val la pena sottolineare alcuni eventi particolarmente significativi.

Il quadro dell'Orsini

L'evento forse più significativo è stato l'acquisto del quadro ritraente papa Benedetto XIII, al secolo Vincenzo Maria Orsini, uno degli arcivescovi più importanti nella storia della nostra diocesi. L'occasione di acquisire al patrimonio dell'associazione questa opera d'arte è avvenuta con l'intento di regalare alla città una testimonianza particolarmente significativa, soprattutto per la storia di Benevento. Anche se non è ancora decisa la collocazione definitiva di questo quadro, esso rappresenta tuttavia un punto d'inizio, molto incoraggiante, per pensare ad una collezione d'arte dell'associazione, che si formi non solo per ulteriori acquisti, ma anche per donazioni.

Ciò ha anche sollecitato un'azione più decisa nell'individuare una possibile nuova sede, non solo per gli scopi di ordinaria amministrazione, ma anche per pensare ad un luogo più idoneo ad ospitare ed esporre una piccola collezione d'arte. Si spera, quindi, che il prossimo anno possa portare anche questo ulteriore sviluppo alla crescita dell'associazione.

Le mostre

Un altro importante evento, anch'esso inedito rispetto alle cose finora fatte, è stata organizzare la mostra retrospettiva, in ricordo di Rocco Grasso, tenuta nella Rocca dei Rettori. Si è trattato

Peppe Barile e Maria Rosaria Marotti durante l'Accademia delle Streghe, alla Fagianella

della prima mostra organizzata dall'Archeoclub di Benevento e il primo passo in un percorso che conoscerà sicuramente nuove tappe.

La mostra è stata accompagnata da una serie di eventi, tenuti sempre nella Rocca, che hanno permesso di godere appieno dell'evento artistico, ma anche di riflettere sull'apporto che l'arte può dare ad una città come Benevento, che nella cultura ancora vede un suo volano di sviluppo.

L'attività editoriale

Anche nel 2023 è continuata l'attività editoriale dell'Associazione. Oltre al tradizionale Annuario, e al Quaderno dedicato alla raccolta degli articoli che appaiono ogni settimana sul Sannio Quotidiano, sono stati pubblicati altri tre Quaderni molto significativi: il primo raccoglie gli articoli che Mario Boscia ha pubblicato sulla Gazzetta di Benevento, tra il 1989 e il 1997; il secondo ha raccolto invece un'interessante antologia dedicata al rapporto tra Arte e Streghe; il terzo, giunto proprio al termine dell'anno, pubblica il catalogo dell'Archivio Civico presso il Museo del Sannio, uno dei più ricchi fondi archivistici, utile e importante non solo per la storia della città ma di tutta la nostra penisola. Il Quaderno è stato redatto dalla signora Gilberta Famiglietti, che curò la sistemazione dell'Archivio, quando era in servizio presso il Museo del Sannio.

Conclusione di un quinquennio

In questa occasione, giunti al termine del mandato ricevuto nel 2019, viene quasi spontaneo fare un breve bilancio del quinquennio in cui il sottoscritto ha ricoperto la carica di presidente della locale sezione dell'Archeoclub, e di consigliere regionale della Campania. È stato un periodo intenso e proficuo, nonostante le difficoltà determinate dalla pandemia che, proprio in questo quinquennio, ha determinato nuove modalità di socializzazione, non più in presenza. È stato affrontato il problema della nuova configurazione associativa, dettata dal Codice del Terzo Settore, con il passaggio da onlus ad aps (Associazione di Promozione Sociale). È stato all'uopo modificato lo Statuto ed è stata effettuata l'iscrizione al RUNTS (Registro Unico Nazionale del Terzo Settore), passaggio che ci ha anche permesso di accedere, per la prima volta, ai finanziamenti previsti dal 5 per mille.

Devo i più sentiti ringraziamenti ai componenti il consiglio di amministrazione, Angelo Bosco, Maurizio Cimino, Giuseppe Morante e Giuseppe Patrevita, che hanno reso possibile tutto ciò, grazie alla fattiva collaborazione e soprattutto alla comune visione di fondo che ha permesso un'attività organizzativa molto collaborativa e scevra da qualsiasi conflittualità o attrito.

CRONOLOGIA DELLE ATTIVITÀ

4 gennaio: *Conferenza dell'Epifania*, dedicata al presepe e in particolare quello fatto realizzare dall'Orsini per il Duomo. Si è tenuta alla Fagianella a cura di Francesco Morante con la partecipazione di Maria Giulia Romano e Giuseppe Patrevita;

20 gennaio: *Archeoloca ad Apice*. Presentazione del gioco presso l'Istituto Comprensivo Falcetti di Apice, con la collaborazione dell'Archeoclub di Apice;

31 gennaio: *Archeoloca a Paduli*. Replica dell'evento presso la sede staccata dell'I.C. Falcetti a Paduli;

7 marzo: Presentazione *Annuario 2022*, presso La Fagianella, con la partecipazione di Maurizio Cimino e Antonio De Lucia;

21 marzo: Presentazione del quaderno di Mario Boscia, *Visioni beneventane*, presso il Museo del Sannio, con la partecipazione di Don Domenico Tirone, Alfredo Pietronigro e Francesco Morante;

26 marzo: Partecipazione alla inaugurazione della nuova sede dell'*Archeoclub di Alife*;

Padre Domenico Tirone, al Museo del Sannio, durante la presentazione del Quaderno dedicato a Mario Boscia.

16 aprile: Visita alla *Villa dei Papi*, guidata da botanico Antonio Castelluccio;

24 aprile: Vernissage *mostra Rocco Grasso*. La mostra, allestita nella Rocca dei Rettori, è rimasta aperta fino al 30 aprile;

25 aprile: Happening *Rocco alla Rocca*, conversazione di Francesco Morante con interventi musicali di Antonio Passaro e letture di Linda Ocone;

28 aprile: Conversazione con Nicola Scontrino, nell'ambito della mostra dedicata a Rocco Grasso;

29 aprile: Performance musicale di un quartetto di violini, alla Rocca dei Rettori, diretto da Giuseppe Morante;

26 maggio: Conduzione di un *webinair*, sulla piattaforma nazionale, dal titolo *Il trionfo del triglifo*, a cura di Angelo Bosco e Francesco Morante;

12 giugno: Mostra alla *Biblioteca Provinciale*, a cura di Carmen Laudato, delle ricerche e dei progetti sulle *porte di Benevento*, a cura degli allievi del Liceo Artistico;

18 giugno: Visita al territorio e al Centro Storico di Apice, a cura della locale sezione dell'Archeoclub;

La locandina della conversazione "Wine Style" presso la Fagianella, nell'ambito dei Salotti sotto le stelle.

29 giugno: Presentazione del Quaderno *Arte e Streghe*, presso la Fagianella, con la rappresentazione del testo *L'Accademia delle Streghe*, condotto da Maria Rosaria Marotti e Peppe Barile;

8 agosto: Salotti sotto le Stelle, alla Fagianella: conversazione *Wine style*, a cura di Maria Rosaria Marotti e Francesco Morante;

10 agosto: Proiezione del film *Cuore selvaggio*, nell'ambito dei Salotti sotto le Stelle alla Fagianella, presentazione di Michele Moccia;

17 agosto: Serata dedicata alla storia dei *cocktail*, con la partecipazione di Maria Rosaria Marotti, Silvana Giordano e Francesco Morante;

21 agosto: Conversazione con *Isabella Pedicini*, a cura di Maria Rosaria Marotti e Francesco Morante, e del suo libro dedicato al fotografo napoletano Mimmo Jodice;

23 agosto: Proiezione del film *I racconti di Canterbury*, di Pier Paolo Pasolini, con una presentazione di Alfonso Bosco e Alessandro Rillo;

27 settembre: Assemblea, presso il Cesvolab, per la presentazione ai soci del *quadro di papa Benedetto XIII*, acquistato dall'Archeoclub di Benevento;

25 ottobre: *Giorno dei Sanniti*. Convegno, presso il Museo del Sannio dedicato ad *Almerico Meomartini*, nel centenario della sua morte, con interventi di Angelo Bosco, Maurizio Cimino e Francesco Morante;

17 dicembre: visita al Museo del Sannio, condotta da Francesco Morante, sul tema *Storia del paesaggio rurale sannita*.

Segnalazioni bibliografiche

Mario Boscia, *Visioni beneventane*, Quaderni dell'Archeoclub di Benevento, n. 6, Benevento 2023, pp. 250, euro 9,99

Tra i tanti intellettuali che hanno operato nella nostra città, Mario Boscia è stato uno dei più singolari ed anche dei più fecondi, nonostante non abbia lasciato molti scritti. Le sue conoscenze della storia beneventana hanno arricchito la ricerca e la saggistica locale per almeno tre decenni: gli ultimi del Novecento. Non c'è stato studente o studioso, professionista o dilettante che, prima di accingersi a scrivere di Benevento, non si sia confrontato o consigliato con Mario Boscia. Raccontarlo, per molti aspetti, è come fare la storia della vita culturale beneventana, dalla metà degli anni Settanta in poi, perché conosceva tutti e tutti lo conoscevano.

Quest'anno, nel ventennale della morte, sotto gli auspici della famiglia, l'Archeoclub di Benevento lo ricorda con un'antologia di articoli, comparsi sulla Gazzetta di Benevento, dedicati alla storia di Benevento. Piccole curiosità, a volte già note, molto spesso del tutto inedite, che, come piccole tessere compongono un mosaico di inaspettata bellezza e fascino.

La collaborazione di Mario Boscia con la Gazzetta di Benevento è iniziata dal primo numero della nuova serie, uscito il 23 settembre del 1989, ed è continuata, quasi ininterrottamente, fino al 28 giugno 1997. Tutti gli articoli sono stati ripresi integralmente, senza alcuna modifica o integrazione. Si è cercato di rispettare il più possibile la parte iconografica, eliminando solo qualche immagine non funzionale o di difficile riproduzione. Ove possibile, l'apparato illustrativo è stato arricchito da qualche ulteriore foto, anche per le diverse esigenze di impaginazione che distinguono un libro da un giornale.

GIUSEPPE **P**ATREVITA **(a cura di)**, *Quattro passi nella storia (2021-2022)*, **Quaderni dell'Archeoclub di Benevento, n. 7, Benevento 2022, pp. 230, euro 9,99**

Il *Quaderno* n. 7 dell'Archeoclub di Benevento raccoglie gli articoli, sulla storia di Benevento e della sua provincia, pubblicati sul *Sannio Quotidiano*, a cadenza settimanale, nel biennio 2021/2022. Sono a firma di diversi soci del sodalizio e spaziano su argomenti molto diversi, ma che hanno il comune denominatore della divulgazione storica e culturale. Si passa da aspetti socio-economici ad altri della tradizione folkloristica; si affrontano argomenti meno noti della storiografia locale o vengono discussi momenti della vita culturale odierna, soprattutto nel campo della divulgazione o della tutela dei beni culturali. Ovviamente trattandosi di articoli scritti per un quotidiano, la scrittura è sempre piana e senza tecnicismi eccessivi, adatta ad un pubblico che ha soprattutto la curiosità di avvicinarsi alla conoscenza del passato del proprio territorio, in questo caso il territorio che include e circonda l'antica città di Benevento.

FRANCESCO **M**ORANTE **(a cura di)**, *Le streghe ancora in volo*, **Quaderni dell'Archeoclub di Benevento, n. 8, Benevento 2023, pp. 132, euro 19,99**

Il mondo delle streghe è una specie di universo parallelo a quello reale, la cui narrazione è del tutto inverosimile. Eppure, nonostante ciò, questo mondo si è spesso incrociato con quello reale, a volte determinando processi, persecuzioni, torture e roghi, altre volte producendo storie, leggende e opere d'arte. Questo libro si sofferma solo e soltanto su quest'ultimo aspetto, senza entrare nella dimensione dell'analisi storica, senza discutere il fenomeno e la sua portata per la nostra società. In questo libro si cerca di seguire le tracce di streghe e stregoni nelle varie arti: dalla pittura al cinema, dalla fotografia al fumetto, senza dimenticare teatro e musica che, probabilmente, più hanno rappresentato il mondo delle streghe.

Il libro contiene i seguenti saggi:
Giacomo de Antonellis: *Magia e Stregoneria negli studi del tempo antico*
Giuseppe Patrevita: *Le streghe tra teatro e letteratura*
Giuseppe Morante: *Il sabba nella musica e nella danza*
Biagio Prisco: *Fotografare l'occulto: William Mortensen*

Michele Moccia: *Per chi ci crede e per chi non ci crede*

Nicola Sguera: *Nuvole magiche. Streghe (e stregoni) nella nona arte*

Maurizio Cimino: *Due artisti stregati: Hans Baldung Grien e Salvator Rosa*

Diana Grasso: *Storia e fortuna della "Witches' Kitchen" nella pittura fiamminga*

Angelo Bosco: *Le Stregonerie nell'esperienza artistica di Francisco Goya*

Francesco Morante: *Il primo sorso affascina, il secondo Strega*

GILBERTA FAMIGLIETTI, *Archivio storico del Comune di Benevento*, Amazon, 2023, pp. 230, euro 9,99

La curatrice del volume, in servizio presso il Museo del Sannio, ha dedicato oltre dieci anni di lavoro all'ordinamento e classificazione del fondo civico, depositato dal Comune di Benevento. Al Prof. Alfredo Zazo si deve il merito del trasferimento dei 594 volumi relativi all'attività comunale dalle origini al 1860. Tra il 1962 e il 1979, sotto la direzione di Mario Rotili e di Elio Galasso, al Museo del Sannio furono depositate nuove documentazioni dell'attività amministrativa della municipalità beneventana fino al 1945.

La parte più antica del fondo civico era stata oggetto delle attenzioni del Cardinale Vincenzo Maria Orsini che, dopo i terremoti del 1688 e del 1702, fece stampare a sua cura nel 1713, un "indice generale di tutte le scritture...". La pubblicazione fu frutto di un lungo lavoro di una apposita "deputazione" composta da vescovi patrizi civili e notabili della città che ne decretarono l'autenticità e la legalità dividendole in: pergamenacee e papiracee. In quasi tutti i volumi, furono redatti degli indici, inseriti all'inizio, con apposta la firma autografa del cardinale Orsini. La curatrice del volume ha provveduto ad una prima schedatura del fondo papiraceo, e successivamente alla ricostituzione delle XI serie orsiniane.

A seguito dell'accorpamento alcuni volumi non hanno trovato alcuna corrispondenza con le XI sezioni orsiniane, ed è stata quindi creata una nuova sezione la "O" nella quale sono gli statuti manoscritti del 1588 con la firma autografa di Papa Sisto V e i volumi che riguardano editti, bandi e capitoli della città. Il regesto generale, che qui viene presentato, scheda il contenuto di un totale di 446 volumi che abbracciano un ampio arco temporale che va dall'XI secolo al 1799.

LUCIANO PASCUCCI, *Benevento, Talleyrand e i suoi Governatori. Storia epistolare di un Principato*, Aessegrafica, Benevento 2022, pp. 360, s.i.p.

Luciano Pascucci, irpino di nascita e sannita di adozione, laureato in Farmacia con lode presso l'Università Federico II di Napoli, dove per diversi anni ha svolto la funzione di assistente. Ha esercitato la professione di farmacista, come titolare, nel capoluogo beneventano.

Bibliofilo, appassionato da sempre di archeologia, arte, storia. Negli ultimi anni ha concentrato la sua attenzione sulla storia di Benevento, in particolare del periodo francese e del principato di Talleyrand e dei suoi Governatori, con particolare riferimento alla figura di Louis De Beer. L'autore con certosina pazienza ricostruisce un mosaico di fatti ed eventi attraverso l'analisi di un corposo epistolario affascinante quanto particolarmente indispensabile nel delineare personalità e progetti riformatori di quel periodo.

Il libro con ricchezza di documenti rivela una società poliedrica e problematica, che, assoggettata da secoli al sonnolente dominio pontificio, visse negli anni del governo Talleyrand-De Beer una stagione di riforme e di novità.

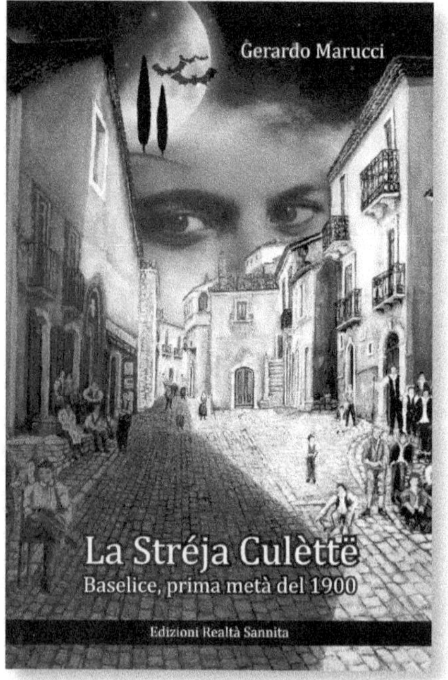

GERARDO MARUCCI, *La stréja Culètte. Baselice, prima metà del 1900*, Edizioni Realtà Sannita, Benevento 2023, pp. 278, euro 16,00

Antoniamaria di Coletta. Chi era costei? Una strega per i più. Una vittima sacrificale dei tempi, per l'autore.

Baselice è il palcoscenico su cui si alternano con Coletta gli attori di questo triste dramma, che gradatamente appare, quasi materializzandosi agli occhi del lettore, attraverso i ricordi dell'autore, che da bambino curioso correva libero e spensierato tra le stradine del paese; ricordi che restituiscono luoghi, storie, umori, usi, ormai dimentichi, permettendo di entrare in un mondo sospeso tra povertà amara e superstizione malevola.

Si delinea uno spaccato di vita ostinatamente retrogrado, cristallizzato in un periodo ormai lontano nel tempo, ma che risulta oltremodo attuale, se analizzato alla luce delle dinamiche emozionali intercorse tra i protagonisti, disvelatrici dei lati più oscuri dell'animo umano.

Coletta, ragazza sensibile, fu costretta a reagire agli insulti che il destino le aveva riservato, trasformandosi in una donna dal carattere forte, aspro, indisponente, a tratti molesto, nel tentativo disperato di non affogare nel mare di miseria e di pregiudizi che inondava il microcosmo in cui era costretta a vivere, chiuso e spietato.

Ilaria Telesca, *I viceré austriaci. Esibizione del potere tra committenza e collezionismo a Napoli (1707-1734)*, De Luca Editori d'Arte, Roma 2023, pp. 224, euro 40,00

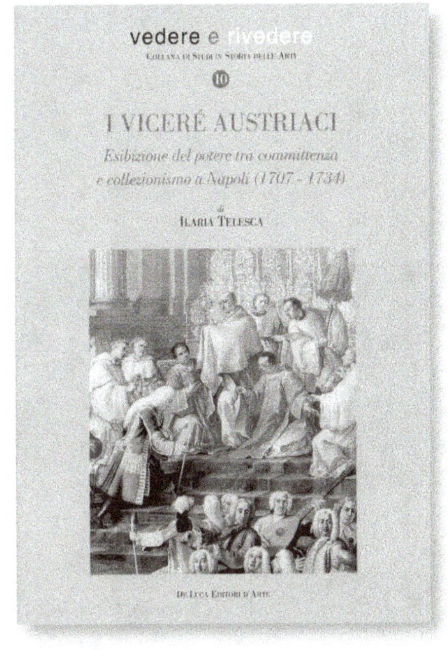

All'interno della lotta politica e dinastica internazionale, la storia dei viceré impegnati nel governo di Napoli sotto il sigillo degli Asburgo d'Austria è ricostruita attraverso il racconto del loro mecenatismo e del rapporto più o meno conflittuale con gli artisti attivi in città. Sono questi gli anni in cui l'arte napoletana assunse grande vivacità e apertura internazionale consacrando l'estro di un pittore intelligente e raffinato com Francesco Solimena, accanto al quale troveranno spazio l'abilità decorativa di Giacomo del Po e l'inventiva di Paolo de Matteis. Quest'ultimo autore di ambiziose allegorie politiche, sarà il destinatario della maggior parte delle committenze ufficiali della corte. Scenario privilegiato è il Palazzo Reale di Napoli, dove un universo di artigiani, guidati dal famoso e impareggiabile Cristoforo Schor, lavorarono incessantemente per rispondere alle esigenze del potere, provvedendo all'allestimento di feste barocche e celebrazioni che coinvolsero i governanti, spettatori entusiasti e generosi patrocinatori di spettacoli teatrali con musicisti di fama internazionale. Alla trama storico-artistica si aggiungono le storie personali dei viceré, che l'autrice restituisce nel loro complesso indagandone i caratteri, dal più schivo al più estroverso, e i diversi profili intellettuali.

Mimmo Jodice, Isabella Pedicini, *Saldamente sulle nuvole*, Contrasto, Roma 2023, pp. 232, euro 22,90

Una vita da romanzo quella di Mimmo Jodice: l'infanzia infelice nel quartiere Sanità di Napoli, le ferite della guerra, l'amore indissolubile per Angela, la famiglia, gli amici numerosi e sempre presenti, i viaggi per il mondo e gli incontri fatali, le grandi mostre e i riconoscimenti, gli entusiasmi e gli avvilimenti, gioie e dolori dell'esistenza. Una vita da romanzo in cui, tuttavia, le vicende sono tenute insieme da un unico filo solidissimo che per Jodice è un daimon ineludibile, destino e vocazione: la fotografia. Più potente di tutte le contingenze dell'esistenza, più coriacea di ogni attacco della sorte, l'attrazione per la macchina fotografica si rivela con forza grazie a un dono inatteso ricevuto in giovane età: un ingranditore. Da questo regalo fatidico comincia la sua lunga e stimata carriera, da qui hanno origine le infinite giornate trascorse in camera oscura per foggiare con la luce le immagini, da qui scaturisce la volontà ferma e tenace di conferire alla fotografia lo statuto di linguaggio artistico. È un racconto denso e appassionato che

Mimmo Jodice, tra le foto di famiglia e le sue opere, narra in prima persona e affida a Isabella Pedicini. Un viaggio nel tempo in cui la vicenda biografica e artistica si interseca alla storia culturale italiana e internazionale dagli anni Sessanta a oggi. Saldamente sulle nuvole è l'autoritratto in parole di un grande maestro della fotografia.

Alberico Bojano, *La ricchezza delle pecore. Clero, matrimoni e fame nel Settecento sul Matese*, **Guida Editori**, **Napoli 2022, pp. 390**

Un quadro della società e dell'economia del Regno di Napoli tra Seicento e Ottocento, osservato attraverso le trasformazioni di un villaggio rurale dell'entroterra montano di Terra di Lavoro, prototipo della marginalità di quei tempi. Tra pastori e contadini di San Gregorio Matese, per secoli sottomessi al potere abbaziale e feduale. alcuni hanno la capacità di arricchirsi. L'abilità armentizia con la transumanza nei pascoli della Dogana di Foggia schiude nuovi orizzonti a massari e negozianti, che tessono rapporti oltre le mura paesane, dalla Campania al Molise alla Capitanata. Involontari protagonisti di una microstoria soggetta agli influssi dei grandi eventi, in un percorso accidentato lungo il quale fare i conti con epidemie e carestie, rivoluzioni, terremoti e nuovi re, animati dall'anelito di affrancamento dalle tasse del clero e del feudatario Gaetani d'Aragona.

Molti cadono, pochi hanno l'agio di erigere palazzetti a San Gregorio, Piedimonte e Napoli, dove crescono medici, avvocati, speziali, e notai che incrociano le figure di Biase Zurlo, Davide Winspeare, Giuseppe Poerio, Philipp Hackert e Andrea Vallante.

Inediti materiali d'archivio rivelano due secoli di emancipazione tramite pecore e terre. Finché la spallata riformatrice francese con la Comune, esautora il controllo anagrafico del clero e annienta la feudalità, intanto che scorre il sangue del primo brigantaggio.

Il libro termina con la cesura restaurativa del 1815, quando i sodalizi familiari cedono il passo alle fazioni ideologiche, e dalle ceneri del sistema doganale pugliese nasce il settore terziario. Con la prospettiva degli ottocenteschi eventi rivoluzionari e poi unitari cui il paese non sarà estraneo.

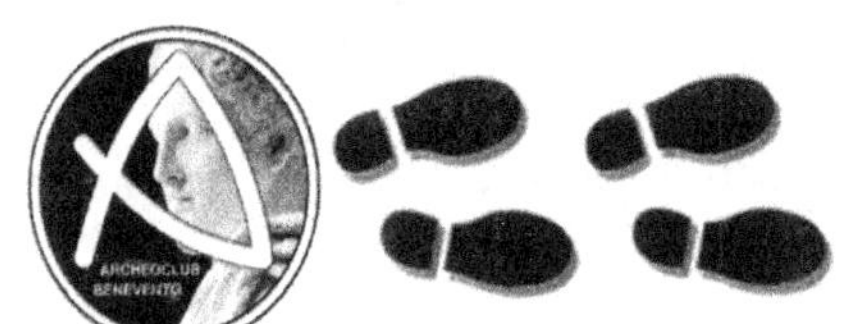

Quattro passi nella storia

Rubrica concordata con «Il Sannio quotidiano» che, nella pagina cultura e spettacoli, ogni giovedì ospita interventi di soci e amici dell'Archeoclub di Benevento. Nel corso dell'anno 2023 sono apparsi i seguenti articoli:

5 gennaio	Giacomo de Antonellis, *Francesco Corazzini, primo tutore di archeologia*
12 gennaio	Giuseppe Di Pietro, *Felice Fimbrio, il pontefice santo che pochi conoscono*
19 gennaio	Cesare Mucci, *Il muro del cavallo di Paladino*
26 gennaio	Giuseppe Morante, *Un sannita illustre, filosofo e musicologo*
2 febbraio	Francesco Morante, *Arco monumento nazionale già per il Divino Raffaello*
9 febbraio	Cesare Mucci, *Antico Ducato di Benevento*
16 febbraio	Giacomo de Antonellis, *Antonio Jamalio, quel dimenticato intellettuale*
23 febbraio	Francesco Morante, *Un allievo polacco di Le Corbusier a Benevento*
2 marzo	Giuseppe Morante, *Il maestro Giovanni Fusco da Sant'Agata dei Goti*
9 marzo	Giacomo de Antonellis, *Sant'Alfonso e il suo 'Ninno' composto a Benevento*
16 marzo	Cesare Mucci, *L'Arco di Traiano nel libro dei disegni di Michelangelo Buonarroti*
23 marzo	Francesco Morante, *Il lato nobile della storia beneventana*
30 marzo	Giuseppe Patrevita, *L'Arcivescovo Orsini la incoronò la prima volta*
6 aprile	Giacomo de Antonellis, *Albino detto il beneventano, famoso scacchista*
13 aprile	Cesare Mucci, *Il volto del genio o maestro nell'Arco di Traiano*
20 aprile	Giuseppe Morante, *Da Morcone uno dei più singolari musicisti sanniti*
27 aprile	Francesco Morante, *Rocco alla Rocca: uno studio d'artista*
4 maggio	Cesare Mucci, *Una statua gemella della Madonna delle Grazie a Napoli*
11 maggio	Giacomo de Antonellis, *Un Gesuita a servizio pieno e discreto dell'uomo*
18 maggio	Cesare Mucci, *Rocca dei Rettori, antichi giochi o simbologia templare nelle prigioni*
25 maggio	Francesco Morante, *Il mistero di una piazza nascosto nel sottosuolo*
1 giugno	Giuseppe Patrevita, *Il trionfo del triglifo nell'architettura del'eclettismo*
8 giugno	Cesare Mucci, *La pala d'altare della bottega di Leonardo*

15 giugno	Francesco Morante, *Un idea per ricostruire le porte di Benevento*
22 giugno	Giacomo de Antonellis, *Apice esaltata dalla fonte e dal borgo*
29 giugno	Cesare Mucci, *L'obelisco-gnomone della Santa Sapienza*
6 luglio	Giacomo de Antonellis, *Il sogno svanito del Borbone su Benevento*
13 luglio	Giacomo de Antonellis, *1768: rapida conquista delle terre pontificie*
20 luglio	Giacomo de Antonellis, *Cacciata dei Gesuiti, trionfo dell'anticurialismo*
27 luglio	Giacomo de Antonellis, *Luci e ombre sull'azione di Ferdinando IV*
3 agosto	Giacomo de Antonellis, *Ritorno senza traumi alla sovranità di Roma*
10 agosto	Cesare Mucci, *Obelischi, Champollion il primo studioso*
17 agosto	Cesare Mucci, *L'Arco di Traiano di Benevento in Spagna*
24 agosto	Giuseppe Patrevita, *Giuseppina Luongo sposata Bartolini*
31 agosto	Cesare Mucci, *Maria Domenica la 'strega' di Benevento*
7 settembre	Giuseppe Morante, *Nel 1951 moriva a Bari Luigi Ferrannini*
14 settembre	Giacomo de Antonellis, *Ponzio Pilato, davvero deicida e sannita?*
21 settembre	Cesare Mucci, *Il Giubileo e una iscrizione nascosta*
28 settembre	Giacomo de Antonellis, *Il cardinale Ruffo e la Commenda di Santa Sofia*
5 ottobre	Cesare Mucci, *Un'inedita descrizione dell'Arco*
12 ottobre	Giacomo de Antonellis, *Il caso dell'arcivescovo Leonardo Grifo (1482-1485)*
19 ottobre	Cesare Mucci, *Uno stemma papale a palazzo Paolo V*
26 ottobre	Giacomo de Antonellis, *Ricordo di Meomartini a 100 anni dalla scomparsa*
2 novembre	Cesare Mucci, *Un cardinale Patriota e beato*
9 novembre	Francesco Morante, *Un edificio che imita i mercati Traianei di Roma*
16 novembre	Cesare Mucci, *Un'epigrafe e la fondazione della Rocca*
23 novembre	Giacomo de Antonellis, *Santa Sofia e i suoi (poco noti) paradossi*
30 novembre	Giacomo de Antonellis, *Santa Sofia e la sua evoluzione nel tempo*
7 dicembre	Giacomo de Antonellis, *I paradossi di Santa Sofia, ieri e (soprattutto) oggi*
14 dicembre	Cesare Mucci, *L'Arco Traiano modello per eccellenza*
21 dicembre	Francesco Morante, *Nel Duomo di Benevento il presepe di papa Orsini*
28 dicembre	Cesare Mucci, *Il papa che strinse per mano 'Benevento'*

STATUTO
della sede di Benevento dell'Archeoclub d'Italia

A seguito di una ulteriore revisione dello Statuto Nazionale, anche la sede di Benevento ha apportato alcune modifiche al suo Statuto, che qui si pubblica integralmente, approvato dall'Assemblea dei Soci l'8 giugno e depositato all'Agenzia delle Entrate il 15 giugno 2022.

Art. 1 – Denominazione

Con il presente Statuto che, ai sensi D.Lgs. 3 luglio 2017, n. 117 - Codice del Terzo settore, l'Archeoclub d'Italia, associazione di cittadini a diffusione nazionale, diventa Ente del Terzo Settore (ETS), con la denominazione "Archeoclub d'Italia APS", Associazione di Promozione Sociale, con sede a Benevento L'Associazione usa la denominazione di "associazione di promozione sociale" o l'acronimo "APS" negli atti, nella corrispondenza e nelle comunicazioni al pubblico e Ets o la locuzione Ente del Terzo Settore in conformità alle normative vigenti. L'associazione ha lo scopo di diffondere e promuovere tra i cittadini, l'interesse per i beni culturali ed ambientali e persegue tale scopo mediante la conoscenza, la tutela, la valorizzazione e la gestione dei beni medesimi. L'emblema dell'Archeoclub d'Italia APS è quello unico nazionale, che è emblema obbligatorio.

Art. 2 – Sede

L'Associazione ha sede legale in Benevento, viale Mellusi, 68. L'eventuale variazione della sede e della denominazione potrà essere decisa con delibera dell'Assemblea ordinaria degli associati e non richiederà formale variazione del presente Statuto. L'associazione ispira e condivide le sue scelte e finalità ai valori ed ai principi statutari di Archeoclub d'Italia aps, che attraverso i propri livelli territoriali, ne promuove l'attività e ne coordina l'iniziativa. L'Archeoclub d'Italia aps sede di Benevento costituisce Sede Locale di Archeoclub d'Italia aps Nazionale con sede a Roma mediante iscrizione, utilizzandone la tessera nazionale quale tessera sociale; la sede gode di autonomia giuridica, amministrativa e patrimoniale. La durata dell'associazione è illimitata.

Art. 3 – Autonomia e assenza scopo di lucro

È esclusa qualsiasi finalità politica, sindacale, professionale o di categoria, ovvero di tutela economica degli associati. L'associazione non persegue scopo di lucro, né direttamente né indirettamente. Nel caso si raggiungessero degli avanzi di esercizio, gli stessi, al netto delle eventuali imposte previste dalle vigenti normative fiscali, andranno utilizzati nell'associazione al fine di migliorarne l'efficienza e la qualità dello svolgimento delle attività istituzionali dell'associazione stessa. Tutte le attività associative saranno svolte nel pieno rispetto della libertà e dignità degli associati. L'Associazione Archeoclub d'Italia laddove nello svolgimento di proprie iniziative o attività non occasionali si avvalga di volontari, siano essi soci o non associati è tenuta ad iscrivere gli stessi in apposito registro. L'Associazione deve inoltre assicurare i propri volontari contro gli infortuni e le malattie connessi allo svolgimento dell'attività di volontariato, nonché per la responsabilità civile verso terzi. L'attività del volontario non può essere retribuita in alcun modo, nemmeno dal beneficiario. Al volontario possono essere rimborsate le spese effettivamente sostenute e analiticamente documentate per l'attività prestata, previa autorizzazione ed entro i limiti stabiliti dal Consiglio Direttivo, fatte salve le specifiche previsioni di cui al D.Lgs. 117/2017 e successive modifiche e integrazioni. La qualità di volontario è incompatibile con qualsiasi forma di rapporto di lavoro subordinato o autonomo e con ogni altro rapporto di lavoro retribuito con l'Archeoclub d'Italia per la quale svolge la propria attività volontaria.

Art. 4 – Finalità e scopi

1. L'Associazione opera nei seguenti settori di interesse generale:

a) tutela, promozione e valorizzazione dei beni archeologici, storico-architettonici, in supporto degli enti istituzionali preposti, anche in convenzione; promozione e valorizzazione dei beni culturali, paesaggistici e naturalistici di cui al Codice dei beni Culturali e del paesaggio, coordinato ed aggiornato con le modifiche introdotte, dal D.L. 21 settembre 2019, modificato dalla Legge 18 novembre 2019, n. 132. e successive modificazioni ed integrazioni;

b) concorre con lo Stato, le Regioni, le Province, i Comuni e gli Enti pubblici e privati, con gli Organi dell'Unione Europea e con altri Organismi internazionali o comunque Stati esteri, a tutelare e promuovere la conoscenza, la tutela e la valorizzazione dei beni culturali e ambientali, nei limiti previsti dalle leggi e dalle disposizioni del Ministero per i Beni e le Attività culturali e del Turismo e del Ministero per l'Ambiente e della tutela del Territorio e del Mare;

c) interventi e servizi finalizzati alla salvaguardia e al miglioramento delle condizioni dell'ambiente e della natura, di cui al Codice dell'Ambiente, decreto legislativo 3 aprile 2006, n. 152 e successive loro modificazioni e integrazioni;

d) promozione di attività di studio, catalogazione, valorizzazione e fruizione di beni demoetnoantropologici, materiali e immateriali;

e) organizzazione e gestione di attività culturali, artistiche o ricreative di interesse sociale, incluse attività anche editoriali, di promozione e diffusione della cultura e della pratica del volontariato e delle attività di interesse generale;

f) educazione, istruzione e formazione professionale, ai sensi della legge 28 marzo 2003, n. 53, e successive modificazioni, nonché le attività culturali di interesse sociale con finalità conoscitiva ed educativa; contribuire alla formazione di una pubblica opinione informata sui Beni culturali e ambientali, anche in maniera critica e propositiva;

g) stipula di convenzioni con le Scuole, le Università e le Aziende per lo svolgimento di attività quali: Percorsi per le Competenze Trasversali e per l'Orientamento (PCTO), nelle classi dell'ultimo triennio delle scuole superiori; stage e tirocini formativi per favorire l'inserimento nel mondo del lavoro nell'ambito

dei Beni Culturali, e l'inclusione Sociale e Culturale di soggetti deboli;

h) ricerca scientifica di particolare interesse socio-culturale;

i) radiodiffusione sonora e televisiva anche web, a carattere comunitario, ai sensi dell'articolo 16, comma 5, della legge 6 agosto 1990, n. 223, e successive modificazioni;

l) organizzazione e gestione di attività turistiche di interesse sociale, culturale o religioso;

m) formazione extra-scolastica, finalizzata alla prevenzione della dispersione scolastica e al successo scolastico e formativo, alla prevenzione del bullismo e al contrasto della povertà educativa;

n) servizi strumentali ad enti del Terzo settore secondo la normativa in vigore;

o) cooperazione allo sviluppo, ai sensi della legge 11 agosto 2014, n. 125, e successive modificazioni;

p) promozione, sostegno e organizzazione di iniziative musicali, in considerazione dello straordinario patrimonio artistico prodotto in questo campo dall'Italia, e nella convinzione che tale eredità, per le sue specifiche valenze cognitive, estetiche e sociali, debba essere ritenuta parte integrante dell'immenso patrimonio culturale e archeologico italiano. In particolare, l'azione di promozione, di tutela e di valorizzazione, dovrà svilupparsi nei confronti della musica prodotta in Italia, senza distinzione di genere, sia attraverso la proposta di autori e opere dimenticati, ma anche sollecitando nuove creazioni che, direttamente o indirettamente, facciano riferimento a tale patrimonio;

q) promozione, sostegno e organizzazione di iniziative teatrali e cinematografiche finalizzate alla conoscenza, divulgazione e fruizione del patrimonio culturale locale, regionale e nazionale;

r) Protezione Civile nel settore dei Beni Culturali e Ambientali, ai sensi della legge 24 febbraio 1992, n. 225, e successive modificazioni ed integrazioni;

s) Servizio Civile Universale, ai sensi del D.Lgs 40/2017 e succ. modif. ed integrazioni;

t) riqualificazione di beni pubblici o di beni confiscati alla criminalità organizzata, finalizzata alla produzione di servizi culturali di pubblica utilità anche con atti di concessione diretta.

2. L'Associazione per raggiungere le finalità generali di cui al comma uno, opera attraverso campagne di formazione, informazione e sensibilizzazione, promuove iniziative di partecipazione di cittadini e comunità, realizza progetti, produce pubblicazioni e materiale audiovisivo, sviluppa attività educative con iniziative ed attività didattiche. Le predette attività sono sviluppate attraverso le seguenti modalità:

a) produrre, distribuire, diffondere materiale scientifico, tecnico, culturale, didattico, attraverso qualsiasi mezzo di divulgazione;

b) produrre stampati, anche periodici, materiale didattico, audiovisivi, filmati ed altro materiale attinente lo scopo sociale;

c) svolgere ed organizzare in proprio o con la collaborazione di altri organismi, seminari, assemblee, incontri, dibattiti, conferenze, convegni, anche all'estero, attinenti allo scopo sociale;

d) gestire attività di carattere sociale, culturale, promozionale ed ogni altra iniziativa in concorso con gli enti locali, istituti, università, territori, atta ad agevolare lo studio e la preparazione culturale riferita allo scopo sociale;

e) realizzare iniziative e campagne di monitoraggio e sensibilizzazione, anche con il coinvolgimento diretto di volontari e cittadini in difesa dei beni culturali, del territorio, del paesaggio e dell'ambiente;

f) svolgere attività di educazione ai beni culturali e ambientali per il mondo della scuola, attraverso iniziative e campagne divulgative per estendere la conoscenza dei siti d'interesse culturale;

g) sostenere l'informazione, la divulgazione e la formazione permanente in favore degli adulti;

h) promuovere esperienze associative fra i giovani in età scolastica, la loro partecipazione alla difesa dei beni culturali, favorendo il superamento di ogni forma di disagio minorile, di discriminazione sociale e culturale;

i) gestire aree, siti, plessi e zone di importanza storico culturale, parchi archeologici e relative strutture monumentali, ivi comprese gli impianti di archeologia sperimentale, nel quadro delle leggi regionali, nazionali e internazionali vigenti;

l) promuovere, costituire, fondare e gestire musei e luoghi di cultura avvalendosi di studi, ricerche sul campo, acquisizioni e affidi di testimonianze culturali, materiali e immateriali, dell'uomo e dell'ambiente – in collaborazione con la comunità scientifica le soprintendenze – per favorirne la conoscenza e la fruizione presso il pubblico;

m) promuovere e organizzare ogni forma di volontariato attivo dei cittadini, al fine di salvaguardare, recuperare e valorizzare il territorio ed i beni e le risorse culturali; organizzare campi di volontariato finalizzati al recupero, al risanamento e valorizzazione di aree di interesse archeologico e culturale;

n) sviluppare e organizzare in proprio, anche in collaborazione e/o in convenzione con enti ed associazioni aventi fini istituzionali compatibili con quelli di Archeoclub d'Italia, il Servizio di Vigilanza BB.CC. volontaria, per il rispetto delle norme a tutela dei beni culturali e ambientali, nel quadro delle leggi regionali, nazionali e internazionali vigenti;

o) promuovere e svolgere attività di ricerca e di analisi inerenti problemi specifici dei beni culturali anche al fine migliorare la coesione sociale ed il benessere collettivo;

p) promuovere progetti, programmi e convenzioni regionali per la conservazione, tutela e valorizzazione dei beni culturali nell'ambito dei sistemi territoriali delle regioni;

q) stipulare convenzioni con enti pubblici e privati, partecipare a bandi, gare pubbliche, concorsi e ogni altra modalità prevista della legge;

r) promuovere e gestire progetti di volontariato inerente il Servizio Civile Universale nonchè formazione, prevenzione e intervento in emergenza in ambito di Protezione Civile;

s) promuovere, organizzare e gestire progetti di cooperazione decentrata e di educazione alla sostenibilità culturale nei Paesi in via di sviluppo, anche con l'invio di personale destinato ad attuare progetti d'intervento per la formazione in loco, intrattenendo a tal fine contatti con gli organismi comunitari e nazionali deputati a riconoscere e finanziare tale attività;

t) attivare e sostenere campagne internazionali in difesa dei beni culturali e ambientali;

u) realizzare, in Italia e all'estero, scambi culturali,

ricerche, consulenze, sperimentazioni innovative, sulla base di progetti sulla salvaguardia dei beni culturali e ambientali;

v) promuovere, organizzare e realizzare attività e campagne di scavi archeologici e restauri monumentali in accordo con le Autorità preposte;

z) utilizzare, per il raggiungimento dei fini sociali, gli strumenti giuridici e normativi più idonei, impegnandosi nella sensibilizzazione sui temi della legalità nel campo dei beni culturali e ambientali;

j) valorizzare le competenze e le risorse degli aderenti e dei diversi soggetti impegnati nel territorio a difesa dei beni culturali e ambientali, promovendo interventi di contrasto e prevenzione della criminalità, la diffusione della cultura della legalità, la gestione di beni immobili sequestrati e/o confiscati.

3. Le attività di interesse generale potranno altresì essere svolte attraverso la condivisione di percorsi virtuosi, nel pieno spirito associativo, quali: raccolta fondi nelle forme consentite dalle disposizioni di legge; adesione alla costituzione di fondazioni, associazioni o associazioni temporanee tra soggetti giuridici similari, comunque volti al perseguimento degli scopi statutari. L'Associazione supporta la nascita e lo sviluppo di start up sociali e tecnologiche, coworking e crowfunding a tematica inerente i beni culturali e ambientali, spin off, fab lab e start up nei settori della formazione e ricerca; stipula ove richiesto con enti pubblici e privati accordi e convenzioni per lo svolgimento delle proprie attività; compie attività che richiedono sovvenzionamenti, fidi, contributi e mutui. Può, inoltre, con delibera della Direzione Nazionale, aderire, stringere alleanze, rapporti, stipulare accordi di collaborazione con altre organizzazioni italiane ed estere che perseguano finalità analoghe, in tutto o in parte.

4. L'Associazione svolge le proprie attività avvalendosi in modo prevalente dell'attività di volontariato dei propri associati o delle persone aderenti agli Enti associati, nel pieno rispetto di quanto previsto dal Codice del Terzo Settore (Dlgs. 117/2017). I volontari sono persone fisiche che condividono le finalità dell'Associazione e che, per libera scelta, prestano la propria attività tramite essa in modo personale, spontaneo e gratuito, senza fini di lucro, neanche indiretti ed esclusivamente per fini di solidarietà.

5. L'Associazione può assumere lavoratori dipendenti o avvalersi di prestazioni di lavoro autonomo o di altra natura, anche dei propri associati, qualora sia necessario per lo svolgimento delle attività di interesse generale e per il perseguimento delle finalità di cui al presente articolo. In ogni caso il numero dei lavoratori impiegati nell'attività non può essere superiore al cinquanta per cento del numero dei volontari o al cinque per cento del numero totale dei soci nel rispetto di quanto previsto dal Codice del Terzo Settore.

Art.5 – Attività secondarie e strumentali

L'associazione può realizzare, nei limiti di quanto verrà stabilito dall'apposito decreto ministeriale, attività secondarie e strumentali rispetto a quelle di cui all'art. 4 del presente statuto. L'individuazione delle attività diverse rispetto a quelle di interesse generale può essere assunta dall'Assemblea dei soci in forma ordinaria.

Art. 6 – Soci

1. Possono diventare soci dell'Associazione, tutti coloro che condividendone gli scopi, intendano impegnarsi per la loro realizzazione. Possono aderire altresì all'Associazione altri enti del Terzo settore o senza scopo di lucro.

2. Tutti i soci partecipano alle decisioni associative secondo le modalità stabilite dal presente Statuto e possono essere eletti in tutti gli organismi associativi. Il voto può esprimersi anche tramite delega secondo le norme stabilite e nel rispetto di quanto specificatamente previsto dal Regolamento Nazionale di attuazione fatto salvo quanto disposto dal D.Lgs. 117/2017 e successive modifiche e integrazioni.

3. L'iscrizione si perfeziona con l'accettazione delle norme del presente Statuto, la sottoscrizione della domanda di iscrizione, del Regolamento Nazionale redatto ai sensi degli art. 13 e 14 del Regolamento UE 2016/679 in materia di protezione dei dati personali e con il versamento della quota associativa annuale.

Pur esistendo varie categorie di associati con diverse caratteristiche, si garantisce una disciplina uniforme del rapporto associativo, non incidendo esse sui diritti dei soci. E' espressamente esclusa la temporaneità della partecipazione alla vita associativa. La quota è intrasmissibile e non rivalutabile.

4. La domanda di ammissione del socio è presentata alla Direzione Nazionale per il tramite di ciascuna Sede locale. Ogni Sede locale deciderà sull'accoglimento o il rigetto dell'ammissione dei propri soci,

trascorso il termine di 10 giorni la domanda si intende accolta. L'associato ha diritto di voto, trascorsi tre mesi dall'accoglimento della domanda di iscrizione. La delibera della Sede Locale sul rigetto dell'ammissione a socio va comunicata alla Direzione Nazionale e al richiedente e annotata sul libro dei soci. Il rigetto della domanda d'iscrizione deve essere comunicato per iscritto entro 10 giorni, specificandone i motivi. L'interessato potrà presentare ricorso entro i successivi 30 giorni al Consiglio Nazionale, il quale si pronuncerà in modo definitivo nella sua prima convocazione utile.

5. Non possono assumere la qualifica di socio coloro che abbiano violato norme penali o amministrative in particolar modo se poste a tutela dei beni culturali o ambientali, sono altresì esclusi dai Soci coloro che abbiano arrecato grave danno d'immagine con condotte o comportamenti in contrasto con i principi e le finalità dell'Associazione a livello locale o nazionale. I soci esclusi per morosità, a seguito di esplicita richiesta, potranno essere riammessi pagando la quota d'iscrizione. La perdita, per qualunque causa, della qualifica di socio comporta in ogni caso l'automatica decadenza dalle cariche sociali alle quali siano state precedentemente eletti

Art.7 – Diritti e doveri dei soci

1. Tutti i Soci hanno uguali diritti e doveri:

a) essere informati su tutte le attività e iniziative, nonché di usufruire di tutte le strutture, dei servizi e delle prestazioni realizzate dall'Associazione a livello nazionale e nelle sue articolazioni locali; godere dell'elettorato attivo a passivo, ove previsto; recedere dall'Associazione; consultare i libri sociali e gli atti associativi secondo le modalità previste dal Regolamento associativo di accesso agli atti.

b) l'obbligo di: rispettare e far rispettare le norme dello Statuto, dei regolamenti e delle deliberazioni prese dagli organi direttivi sociali; mantenere comportamenti, nella vita associativa, civile, privata e pubblica, improntati alla correttezza civile e lealtà, nel rispetto della Persona, della sua dignità e del suo ruolo nella vita dell'Associazione oltre che al rispetto dei beni culturali e dell'ambiente; adoperarsi concretamente per la tutela e salvaguardia dei beni culturali e dell'ambiente italiani e stranieri.

2. La violazione dei doveri e degli obblighi associativi è punita con l'irrogazione delle seguenti sanzioni disciplinari associative: richiamo verbale; richiamo scritto; censura; sospensione dalle attività e dai diritti sociali; esclusione.

3. Le sanzioni disciplinari sono di competenza della Sede Locale ad eccezione della sospensione e della esclusione dalla Associazione. Tali provvedimenti sono irrogati dagli organi nazionali statutariamente competenti, tenendo motivatamente conto della gravità della violazione, della sua incidenza sull'ordinato svolgimento della vita associativa, del danno anche d'immagine causato all'Associazione o ai suoi soci o dirigenti.

Art.8 – Categorie dei soci

L'Associazione è costituita da soci suddivisi nelle seguenti categorie:

a) giovani (dai 18 compiuti ai 28 anni);

b) studenti universitari e di formazione superiore;

c) ordinari;

d) onorari;

e) aggregati;

f) sostenitori.

I soci giovani sono cittadini italiani o stranieri, essi partecipano alla vita dell'Associazione e danno alla stessa una fattiva collaborazione per il conseguimento degli scopi statutari e godono dell'elettorato attivo e passivo.

I soci studenti universitari e di formazione superiore, essi partecipano alla vita dell'Associazione e danno alla stessa una fattiva collaborazione per il conseguimento degli scopi statutari e godono dell'elettorato attivo e passivo.

I soci ordinari sono cittadini italiani o stranieri, essi partecipano alla vita dell'Associazione e danno alla stessa una fattiva collaborazione per il conseguimento degli scopi statutari e godono dell'elettorato attivo e passivo.

Sono soci onorari, a vita e salvo loro rinunzia, i cittadini italiani e stranieri, i fondatori dell'Associazione, i Presidente uscenti che, a giudizio insindacabile del Consiglio Nazionale, abbiano fornito contributi di straordinario interesse nel campo dei beni culturali e ambientali o abbiano illustrato la vita dell'Associazione con iniziative di eccezionale merito o forniscano o abbiano fornito all'Associazione un contributo fattivo a ragione delle loro conoscenze professionali o dei loro meriti civili; essi possono partecipare alla vita dell'Associazione, godono dell'elettorato attivo e passivo. I soci onorari sono designati dal Consiglio Nazionale che valuta le proposte anche sulla base di segnalazioni pervenute dalle Sedi Locali.

I soci aggregati sono le associazioni di promozione sociale (APS), compresi gli altri enti del terzo settore costituiti senza scopo di lucro, che abbiano finalità e scopi o che operino in attività compatibili e/o affini a quelli di Archeoclub d'Italia APS, godono dell'elettorato attivo e passivo.

L'adesione degli enti associativi aggregati, avviene tramite la Sede Nazionale quando si verifica la previsione di cui all'art. 9, comma 2, o nel caso di singolo ente, tramite una Sede Locale già costituita e riconosciuta dall'Archeoclub d'Italia aps, a patto che non siano nel numero di iscritti superiori al 50% del totale dei soci del la sede locale; in caso di adesione, l'ente del terzo settore

inoltre la richiesta di adesione alla Sede Locale individuata e per conoscenza al Presidente Nazionale, allegando copia del verbale di adesione, copia del verbale di costituzione e statuto, elenco dei soci e nominativo del Presidente e/o Responsabile; la Sede Locale, esaminata l'istanza, verificata la coerenza con gli scopi associativi, attraverso decisione del Comitato Direttivo, invia, o il diniego motivato, tramite comunicazione all'Ente richiedente e al Presidente Nazionale; all'Ente aderente in sede di Assemblea dei Soci vengono attribuiti, in proporzione al numero dei loro associati o aderenti maggiorenni dichiarati al momento dell'adesione, 1 rappresentante ogni 20 iscritti e qualora il numero degli iscritti sia superiore a venti soci, viene espresso un rappresentante ogni multiplo di venti e comunque sino ad un massimo di cinque rappresentanti. In sede di convocazione dell'Assemblea Nazionale dei Soci, l'esercizio del diritto di voto può essere comunque delegato con un massimo di due deleghe, attribuite ad eletti dalla medesima Sede aggregata.

I soci sostenitori sono i cittadini italiani o stranieri che versano una quota sociale annua non inferiore a quella determinata dal Consiglio Nazionale; partecipano alla vita dell'Associazione e danno alla stessa una fattiva collaborazione per il conseguimento degli scopi statutari. Essi godono dell'elettorato attivo e passivo.

Art. 9 – Organi associativi

1.Sono organi dell'Associazione: l'Assemblea dei soci; il Consiglio Direttivo; il Presidente; il Vice Presidente; il Segretario; il Tesoriere; il Collegio dei Probiviri.

Le cariche ricoperte nell'Associazione sono svolte a titolo gratuito e non possono dare diritto ad alcun compenso, hanno la durata di cinque anni, con possibilità di riconferma per altri due mandati consecutivi per un massimo di quindici anni consecutivi. L'Assemblea dei Soci può prevedere una durata inferiore del singolo mandato, fermo restando il divieto di riconferma oltre il terzo mandato consecutivo.

2. Le cariche associative negli organi dell'Associazione sono altresì incompatibili con incarichi in partiti o organizzazioni politiche o sindacali e con le altre incompatibilità previste dall'art. 12 comma 4 dello Statuto Nazionale.

3. L'incompatibilità di cui al comma 2 determina l'ineleggibilità del socio, salvo che lo stesso non sia cessato dalla carica almeno quindici giorni prima delle elezioni.

4. Ove l'incompatibilità si determini dopo l'elezione, il socio decade dalla carica associativa, *ipso jure* e senza bisogno di dichiarazione da parte degli organi statutari, decorsi quindici giorni dalla data in cui si è verificata l'incompatibilità, salvo che nello stesso termine egli non decada, rinunci o si dimetta dalla carica che ha ingenerato l'incompatibilità.

5. Gli atti adottati dagli organi associativi con la partecipazione di eletti nelle condizioni d'incompatibilità di cui al comma 2, decorsi quindici giorni dalla data in cui si è verificata l'incompatibilità, sono nulli ai fini interni e non impegnano l'Associazione o la Sede nei confronti dei terzi. E' esclusa in ogni caso la prova di resistenza.

Art.10 – L'Assemblea dei soci

L'Assemblea dei soci è l'organo sovrano, è composta da tutti i soci, è presieduta dal Presidente in carica.

L'Assemblea ordinaria e/o straordinaria viene convocata dal Presidente, ogni qualvolta questi lo ritenga opportuno, oppure ne sia fatta richiesta da almeno 1/10 degli associati o dalla maggioranza dei Consiglieri.

Il Consiglio Direttivo nella seduta per convocare

l'Assemblea dei soci delibera la data, l'ora e l'ordine del giorno della prima e della seconda convocazione. Le Assemblee sono convocate mediante affissione presso la sede legale, comunicazioni scritte spedite per via postale, e-mail o altro mezzo telematico, inviate almeno 10 giorni prima del giorno previsto. L'avviso di convocazione deve contenere il giorno, l'ora, la sede della convocazione e l'ordine del giorno.

L'Assemblea può essere costituita in forma ordinaria e straordinaria.

L'Assemblea ordinaria è validamente costituita, in prima convocazione, con la presenza di almeno la metà dei soci, mentre in seconda convocazione è valida qualunque sia il numero degli intervenuti. È consentita l'espressione del voto per delega. Le deliberazioni dell'Assemblea ordinaria sono prese a maggioranza dei voti.

Nelle deliberazioni di approvazione del bilancio di esercizio e in quelle che riguardano la loro responsabilità, i Consiglieri non hanno diritto di voto. Per le votazioni e l'elezione delle cariche sociali si procede mediante il voto. Le deliberazioni sono immediatamente esecutive e devono risultare da apposito verbale sottoscritto dal Presidente e dal Segretario dell'Assemblea. Le delibere assembleari rimangono affisse nei locali dell'Associazione durante i dieci giorni che seguono l'Assemblea.

L'Assemblea ordinaria ha i seguenti compiti:

a) entro quattro mesi dalla chiusura dell'esercizio, discute ed approva il bilancio di esercizio e il bilancio preventivo;

b) designa i soci rappresentanti all'Assemblea Nazionale dei Soci e all'elezione del Comitato Regionale secondo le modalità stabilite dal Regolamento nazionale di attuazione;

c) definisce il programma generale annuale di attività;

d) nomina e revoca i componenti del Consiglio Direttivo;

e) nomina il Collegio dei Probiviri;

f) discute e approva gli eventuali regolamenti predisposti dal Consiglio Direttivo per il funzionamento dell'Associazione;

g) delibera su tutte le operazioni contrattuali di natura immobiliare e mobiliare, ivi inclusa la richiesta di mutui ipotecari, fideiussioni, leasing e affidamenti bancari;

h) delibera in merito alla realizzazione di attività secondarie e strumentali.

L'Assemblea straordinaria delibera sulla modifica dello Statuto, sullo scioglimento dell'Associazione e sulla devoluzione del patrimonio ivi inclusa la trasformazione, la fusione o la scissione.

Per le modifiche statutarie l'Assemblea straordinaria è validamente costituita con la presenza di almeno tre quarti dei soci e il voto favorevole della maggioranza dei presenti. Per lo scioglimento dell'Associazione e devoluzione del patrimonio, l'Assemblea straordinaria delibera con il voto favorevole di almeno tre quarti dei soci.

Art.11 – Consiglio Direttivo

Il Consiglio Direttivo è composto da minimo cinque membri compresi il Presidente, il Vice Presidente, il Segretario, il Tesoriere; esso dura in carica 5 anni e i suoi componenti sono rieleggibili secondo quanto previsto dall'art. 9.

Il Consiglio Direttivo è convocato dal Presidente ogni volta che vi sia materia su cui deliberare, quando ne sia fatta richiesta da almeno un terzo dei Consiglieri. La convocazione è fatta anche mediante strumenti telematici. L'avviso di convocazione deve contenere il giorno, l'ora, la sede della convocazione e l'ordine del giorno. Le riunioni sono valide quando vi interviene la maggioranza dei Consiglieri. Le deliberazioni sono prese a maggioranza. I componenti che risultino assenti, senza giustificato motivo, per tre volte consecutive, decadono automaticamente dall'incarico e sarà compito dell'assemblea dei soci la nomina dei sostituti. Il Consiglio Direttivo è investito dei più ampi poteri per la gestione dell'Associazione. Pone in essere ogni atto esecutivo necessario per la realizzazione del programma di attività che non sia riservato per Legge o per Statuto alla competenza dell'Assemblea dei soci.

Nello specifico: attua tutti gli atti di ordinaria amministrazione; cura l'esecuzione dei deliberati dell'Assemblea; predispone all'Assemblea il programma annuale di attività; presenta annualmente all'Assemblea dei soci per l'approvazione: la relazione sulla gestione, il bilancio dell'esercizio trascorso, nonché il bilancio preventivo; approva il bilancio sociale qualora vengano superati i limiti di legge; conferisce procure generali e speciali; instaura rapporti di lavoro, fissandone mansioni, qualifiche e retribuzioni; propone all'Assemblea i regolamenti per il funzionamento dell'Associazione e degli organi sociali; riceve le domande di adesione di nuovi soci; ratifica e/o respinge i provvedimenti d'urgenza adottati dal Presidente; determina l'ammontare delle quote associative e il termine ultimo per il loro versamento; delibera sull'apertura di conti correnti sia bancari che postali.

In caso venga a mancare in modo irreversibile uno o più Consiglieri, il Presidente procede alla surroga e in assenza di possibilità di surroga, entro trenta giorni indice l'Assemblea dei soci per le elezioni suppletive dei membri da sostituire.

Art.12 – Il Presidente

Il Presidente è il legale rappresentante dell'Associazione, eletto tra i Soci dura in carica cinque anni. In caso di assenza o impedimento le sue mansioni sono esercitate dal Vice Presidente. In casi di oggettiva necessità può adottare provvedimenti d'urgenza sottoponendoli alla ratifica del Consiglio Direttivo. Su delibera del Consiglio Direttivo può aprire conti correnti bancari e postali e con delibera dell'Assemblea dei soci, compiere tutte le operazioni contrattuali di natura immobiliare e mobiliare, ivi inclusa la richiesta di mutui ipotecari, fideiussioni, leasing e affidamenti bancari.

Art. 13 – Vice Presidente

Il Vice Presidente coadiuva o sostituisce il Presidente in caso di assenza o impedimento è eletto tra i soci ed è nominato dai componenti del Consiglio Direttivo.

Art. 14 – Il Segretario

Il Segretario è il responsabile della redazione dei verbali delle sedute di Consiglio Direttivo e di Assemblea. I libri sociali sono affidati alla sua custodia.

Art. 15 – Il Tesoriere

Il Consiglio Direttivo nomina tra i suoi componenti il Tesoriere che ha il compito della gestione finanziaria dell'associazione. Il Tesoriere predispone il bilancio consuntivo dell'esercizio trascorso, nonché il bilancio preventivo, da sottoporre al vaglio del Consiglio Direttivo.

Art. 16 – Il Collegio dei Probiviri

1. Il Collegio dei Probiviri costituisce l'organo di giustizia interna della Sede e ha competenza sulle controversie tra i soci di cui all'art. 7 comma 3 del presente Statuto.

2. Il Collegio dei Probiviri è composto di tre membri effettivi e due supplenti, eletti dall'Assemblea dei Soci. Il Collegio elegge nel proprio ambito il Presidente e un Vice-Presidente.

3. Il Collegio decide nelle questioni di sua competenza a maggioranza assoluta, con la presenza di almeno due membri tra cui il Presidente o il Vice-Presidente, il cui voto, in caso di parità, vale doppio.

4. La carica di componente del Collegio dei Probiviri è incompatibile con qualsiasi altra carica associativa.

5. Le decisioni del Collegio sono immediatamente esecutive e cogenti per tutti i soci e gli organi associativi. Il mancato rispetto delle decisioni del Collegio costituisce illecito disciplinare gravissimo.

6. Il Collegio risiede presso la Sede dell'Associazione e si avvale, per l'attività di sua competenza, della collaborazione del personale amministrativo in servizio presso la Sede stessa.

7. Con Regolamento del Collegio sono fissate le norme di procedura ispirate ai principi generali dell'ordinamento giuridico italiano nonché le norme di funzionamento del Collegio stesso.

Art. 17 – Libri sociali

1. L'Associazione deve tenere le seguenti scritture:

a) il libro dei Soci;

b) i libri delle adunanze e delle deliberazioni delle Assemblee dei Soci e del Consiglio Direttivo;

c) i libri delle adunanze e delle deliberazioni del Collegio dei Probiviri;

d) il libro di prima nota cassa;

e) i libri contabili previsti dalla normativa vigente.

2. L'Associazione deve altresì tenere il registro dei volontari che svolgono la loro attività in modo non occasionale.

3. I libri di cui di al comma 1 lettere a) b) sono tenuti a cura del Segretario. I libri di cui al comma 1 lettere c)

d) e) sono tenuti a cura dell'organo cui si riferiscono.

4. I Soci hanno diritto di esaminare i libri sociali, previa specifica istanza da inoltrare al Segretario che deve fornire riscontro nei successivi quindici giorni. L'accesso per l'esame dovrà essere garantito entro e non oltre trenta giorni dalla presentazione dell'istanza. Per le formalità del procedimento si rimanda alle modalità stabilite dal Regolamento nazionale di accesso agli atti.

Art. 18 – Esercizio sociale e Bilancio

1. L'esercizio sociale si svolge dal 1 gennaio al 31 dicembre. Alla fine di ogni esercizio sociale l'Assemblea dei Soci approva il Bilancio consuntivo, entro il 30 aprile dell'anno successivo. In caso di comprovata necessità o impedimento, l'approvazione del bilancio può essere posticipata entro a non oltre il 30 giugno. Approva il bilancio preventivo entro il 30 novembre. Il Bilancio consuntivo viene redatto secondo le indicazioni di cui al D.lgs. n. 117/2017. Viene fatta salva ogni altra diversa disposizione normativa in materia.

2. Il Tesoriere può predisporre anche il Bilancio Sociale, per facoltà o per obbligo, nel pieno rispetto di quanto previsto dalla normativa vigente in materia.

3. Il Bilancio consuntivo viene presentato dal Direttivo per il tramite del Tesoriere all'Assemblea dei Soci per la sua discussione e approvazione.

4. Il Bilancio di esercizio dovrà essere depositato presso la sede dell'Associazione negli otto giorni che precedono l'Assemblea dei Soci convocata per la sua approvazione. Una volta approvato, il Bilancio rimane affisso nei locali dell'Associazione durante i dieci giorni che seguono.

Art. 19 – Durata e scioglimento

1. Qualsiasi decisione in merito allo scioglimento e alla destinazione del patrimonio di Archeoclub d'Italia dovrà essere presa dall'Assemblea straordinaria dei Soci con il voto favorevole di almeno i 3/4 dei rappresentanti. In caso di scioglimento e/o estinzione, il patrimonio dell'Associazione, dedotte le passività, verrà devoluto ad altri Enti del Terzo Settore secondo quanto previsto dalle normative vigenti in materia e nello specifico dall'art. 9 del D.Lgs. 117/2017.

2. In nessun caso possono essere distribuiti beni, utili e/o riserve al socio. In caso di scioglimento del rapporto associativo per qualsiasi ragione e motivo, il socio non ha diritto di pretendere quota alcuna del patrimonio sociale nè la restituzione della quota associativa.

Art. 20 – Fonti normative

Il funzionamento dell'Associazione è disciplinato, oltre che dal presente Statuto e dai regolamenti interni, dallo Statuto e dai regolamenti di attuazione nazionali, dalla legislazione vigente in materia e dalle norme del codice civile relative alle associazioni.

Appuntamento al 2024

Nel 2024 cade il terzo centenario della elevazione al pontificato di Benedetto XIII, ed a lui sarà dedicato il tradizionale **Giorno dei Sanniti** (come al solito il 25 ottobre) con un convegno dedicato alla figura del pontefice e alle sue varie azioni per la ricostruzione della città di Benevento.

Ricordiamo che l'Archeoclub ha acquistato un quadro di papa Orsini, di autore ignoto e inedito rispetto alla tradizionale iconografia del pontefice. Si tratta di un primo tassello per realizzare una nostra collezione d'arte, oltre che bibliografica, e ciò costituisce un ulteriore volano per trovare una nuova sede, ove collocare ed esporre le nostre collezioni. Si spera che il 2024 possa portare sviluppi nuovi anche a questa esigenza di crescita culturale.

Anche per il 2024 cercheremo di organizzare qualche mostra d'arte, ed in particolare la nostra attenzione è ancora rivolta a **Vincenzo Galloppi**. Il Galloppi (1849-1942) è stato un artista napoletano, che ha operato soprattutto come affrescatore di chiese e di ville aristocratiche, tra le quali anche quella dell'imperatrice Sissi a Corfù. Grazie agli eredi sarà possibile realizzare una mostra di quadri originali, nonché di riproduzioni fotografiche dei maggiori affreschi da lui realizzati.

I nostri Quaderni. Proseguirà la nostra produzione editoriale, attraverso la pubblicazione di nuovi Quaderni. Due sono già in lavorazione. Il primo, a cura di Giacomo de Antonellis, racconta la storia dell'occupazione borbonica di Benevento del 1768. Il secondo, curato da Elena Intorcia, è la traduzione in italiano del saggio di Thomas Ashby e Robert Gardner sulla via Traiana, apparsa in inglese sul volume 8 del 1916 de "Papers of the British School at Rome".

Papa Benedetto XIII, al secolo card. Vincenzo Maria Orsini, olio su tela, 1730 ca., coll. Archeoclub di Benevento

SANNIO INCONTRI 2023

ANNUARIO DELL'ARCHEOCLUB DI BENEVENTO

INDICE

Angelo Bosco, *Un anno in viaggio con l'Archeoclub* — 3

Il giorno dei Sanniti — 5

L'Archeologo-Gentiluomo — 9

Angelo Bosco, *Le architetture beneventane di Almerico Meomartini* — 13

Maurizio Cimino, *Meomartini e l'Iseo beneventano* — 29

Francesco Morante, *La nascita del Museo del Sannio* — 69

Francesco Morante, *Rocco Grasso. Oltre gli occhi* — 87

Ricostruire le porte di Benevento — 103

Carmen Laudato, *Le porte storiche della città di Benevento* — 105

Francesco Morante, *Il trionfo del triglifo* — 129

Salotti sotto le stelle — 145

Alfredo Pietronigro, *Il processo Pasolini* — 147

Giacomo de Antonellis, *Santa Sofia e i suoi (poco noti) paradossi* — 151

Cesare Mucci, *Lo stemma nella lunetta di Santa Sofia. Nuove ipotesi* — 159

Mario Boscia, *Foto di Nobiltà con Rose* — 165

Relazione consuntiva dell'anno 2023 — 171

Segnalazioni bibliografiche — 175

Quattro passi nella storia — 181

Statuto dell'Archeoclub di Benevento — 183

Appuntamento al 2024 — 192

www.ingramcontent.com/pod-product-compliance
Lightning Source LLC
Chambersburg PA
CBHW08084526072 6
48660CB00009B/3207